L'impact de la croissance de l'économie du partage et à la demande sur la politique et l'administration de la TVA/TPS

OCDE
DES POLITIQUES MEILLEURES
POUR UNE VIE MEILLEURE

Ce document, ainsi que les données et cartes qu'il peut comprendre, sont sans préjudice du statut de tout territoire, de la souveraineté s'exerçant sur ce dernier, du tracé des frontières et limites internationales, et du nom de tout territoire, ville ou région.

Merci de citer cet ouvrage comme suit :
OCDE (2021), *L'impact de la croissance de l'économie du partage et à la demande sur la politique et l'administration de la TVA/TPS*, Éditions OCDE, Paris, *https://doi.org/10.1787/5b759e8a-fr*.

ISBN 978-92-64-41305-4 (imprimé)
ISBN 978-92-64-56449-7 (pdf)

Crédits photo : Couverture © Shutterstock/PopTika.

Les corrigenda des publications sont disponibles sur : *www.oecd.org/about/publishing/corrigenda.htm*.

Avant-propos

La publication du rapport *« L'impact de la croissance de l'économie du partage et à la demande sur la politique et l'administration de la TVA/TPS »* (ci-après le Rapport) vient enrichir la série des rapports et d'orientations de l'OCDE consacrés à la conception de la politique de la TVA/TPS afin de relever les défis de l'économie numérique (et notamment le rapport de 2009 sur le rôle des plateformes numériques dans la collecte de la TVA/TPS sur les ventes en ligne).

Ces dernières années, l'économie dite « du partage/à la demande » a connu un essor remarquable et une expansion rapide. Cette expansion a été portée par le développement des plateformes numériques qui jouent le rôle d'intermédiaires pour des millions de nouveaux acteurs et consommateurs dans le monde. Ces évolutions ont favorisé un virage socio-économique en faveur d'une monétisation à la demande des ressources humaines ou matérielles et/ou des actifs (parfois) sous-exploités en les rendant accessibles pour une utilisation temporaire (« partagée ») par des consommateurs en contrepartie d'un paiement.

Une étude de 2019 (Mastercard et Kaiser Associates) couvrant les principaux marchés mondiaux révèle que l'économie du partage/à la demande a généré en 2018 un chiffre d'affaires brut de 204 milliards USD, qui devrait atteindre 455 milliards USD d'ici 2023 dans la mesure où la mondialisation s'accélère et où les consommateurs deviennent encore plus réceptifs au concept du partage (Mastercard and Kaiser Associates, 2019[1]).

Cet essor spectaculaire des activités relevant de l'économie du partage/à la demande a créé une nouvelle réalité commerciale dans un certain nombre de secteurs, notamment ceux des transports (avec l'émergence des services de Voiture de Transport avec Chauffeur - VTC) et de l'hébergement (notamment la location de logements de courte durée). Cette nouvelle réalité fait intervenir de nombreux nouveaux acteurs économiques exerçant leurs activités commerciales selon des modalités inédites qui peuvent encore échapper aux règles et pratiques administratives traditionnelles en matière de TVA/TPS, ce qui peut avoir des conséquences sur les recettes provenant de ces taxes, ainsi que sur la position concurrentielle des entreprises traditionnelles. Dans ce contexte, les services fiscaux en charge de la TVA/TPS des pays de l'OCDE ainsi que de pays non membres ont, à l'occasion notamment de la cinquième réunion du Forum mondial de l'OCDE sur la TVA en 2019, appelé de leurs vœux l'OCDE à entreprendre des travaux visant à les aider à apporter une réponse efficace et coordonnée en matière de TVA/TPS face à cette nouvelle réalité.

Ce Rapport livre les résultats de ces travaux. Le chapitre 1 présente les grandes caractéristiques et les principaux modèles d'activité de l'économie du partage/à la demande susceptibles d'être pertinents du point de vue de la TVA/TPS, ainsi que les difficultés et opportunités associées à son essor dans ce domaine. Le chapitre 2 présente un cadre pour l'élaboration d'une stratégie en matière de TVA/TPS face à la croissance et au développement de l'économie du partage/à la demande. Le chapitre 3 propose différentes approches envisageables en matière de TVA/TPS pour répondre efficacement aux défis et aux opportunités créés par l'économie du partage/à la demande, comme notamment la simplification des procédures pour le respect des obligations fiscales, la collecte et l'utilisation à bon escient des données, ou encore des stratégies (alternatives) de collecte de la TVA/TPS. Il propose également des orientations détaillées sur le rôle potentiel des plateformes numériques pour faciliter et renforcer la conformité à la

TVA/TPS au sein de l'économie du partage/à la demande. Le chapitre 4 présente un certain nombre de mesures de gestion des risques de conformité et d'application auxquelles les autorités fiscales peuvent souhaiter réfléchir dans le cadre de leur stratégie globale en réponse au développement de l'économie du partage/à la demande. L'annexe D contient une analyse approfondie des modèles d'activité utilisés dans l'hébergement et les transports, secteurs actuellement dominants de l'économie du partage/à la demande.

Ce Rapport ne vise pas à imposer des prescriptions détaillées pour les législations nationales. Il fournit une source de référence pour aider les autorités fiscales à évaluer les conséquences sur la TVA/TPS de l'économie du partage/à la demande et à déterminer les réponses à apporter dans ce domaine à la lumière des circonstances et des objectifs qui leur sont propres.

Il a été élaboré sous les auspices du Comité des affaires fiscales (CAF) de l'OCDE, par son Groupe de travail n°9 sur les impôts sur la consommation (GT9) et un groupe d'experts *ad hoc*. Il est le fruit d'un processus inclusif, et d'intenses consultations avec d'une part, les représentants des pays membres de l'OCDE et d'un nombre considérable de pays non membres dans le cadre du Forum mondial sur la TVA avec, et, d'autre part, avec les représentants des principaux acteurs de l'économie du partage/à la demande et des milieux universitaires par l'intermédiaire du Groupe technique consultatif auprès du GT9.

Ce Rapport a été approuvé par le Comité des affaires fiscales le 6 avril 2021 et la publication a été préparée par le Secrétariat de l'OCDE.

Table des matières

Tableaux

Graphiques

Résumé

L'essor de l'économie du partage et à la demande a radicalement transformé certains secteurs en quelques années seulement. Les plateformes numériques sont au centre de cette (r)évolution. Grâce aux progrès technologies constants, qui permettent en particulier de collecter et d'analyser de vastes quantités de données, ces plateformes ont pu mettre en œuvre avec succès des modèles économiques innovants qui sont à l'origine de « nouveaux modes de fonctionnement » fondés sur le partage d'actifs (biens et services) plutôt que les concepts traditionnels de transferts de propriété. Cette transformation reflète l'évolution des préférences des consommateurs, et notamment des plus jeunes, qui privilégient un accès souple, à la demande, aux biens et aux services, ainsi que l'intérêt suscité auprès des particuliers et des entreprises par les possibilités ainsi créées de monétiser une main d'œuvre et des actifs (sous)utilisés.

Le rôle décisif des plateformes numériques dans l'essor de l'économie du partage/à la demande et dans son expansion et sa diversification ultérieures, est déjà à l'origine de ruptures dans les secteurs des transports, du tourisme et du logement, des services professionnels et de la finance. L'entrée de nouveaux acteurs dans le secteur de l'économie du partage/à la demande remet sérieusement en cause le positionnement d'acteurs traditionnels établis de longue date. Et cela n'est vraisemblablement qu'un début. Des acteurs traditionnels font leur entrée dans l'économie des plateformes, tirant profit du potentiel offert par celle-ci pour (re)dynamiser la demande à un coût relativement faible. Toutefois, l'émergence des modèles de partage est susceptible d'induire des changements dans n'importe quel autre secteur.

Ces changements en profondeur soulèvent des problèmes de réglementation dans de multiples domaines, et notamment en matière de taxe sur la valeur ajoutée/taxe sur les biens et services (TVA/TPS). L'essor de l'économie du partage/à la demande a entraîné l'entrée sur le marché d'un nombre élevé, et toujours en hausse, de nouveaux acteurs économiques qui exercent leurs activités selon des modalités inédites et avec des conditions d'emploi ou de travail non conventionnelles.

Ces évolutions amènent à s'interroger sur l'efficacité des cadres de TVA/TPS existants pour capturer cette nouvelle réalité économique, notamment afin de préserver les recettes de TVA/TPS et de minimiser les distorsions économiques. Elles conduisent également à se demander si ces « nouveaux modes de fonctionnement », à commencer par le rôle des plateformes de l'économie du partage/à la demande, sont de nature à faciliter l'administration et le respect des obligations en matière de TVA/TPS.

Ce Rapport montre qu'il n'existe pas de réponse unique, définitive et universelle à ces questions. Les réponses apportées par les pouvoirs publics sont susceptibles de varier selon les secteurs et les juridictions, notamment à la lumière des cadres régissant la politique et l'administration de la TVA/TPS qui y sont en vigueur. De plus, l'économie du partage/à la demande n'est qu'au début de son essor, et bien qu'elle ait déjà radicalement transformé un certain nombre de secteurs, elle continue de changer et d'évoluer.

Dans ce contexte, le Rapport présente les principaux volets d'une stratégie globale que pourraient envisager les administrations fiscales pour concevoir et mettre en œuvre les réponses à apporter en matière de politique et d'administration de la TVA/TPS aux évolutions de l'économie du partage/à la demande. Ce Rapport est l'expression d'un consensus entre les services fiscaux en charge de la TVA/TPS du monde entier et les principaux acteurs du secteur, obtenu à l'issue d'un processus approfondi et inclusif d'analyses, de consultations et de partages d'expériences. En résumé, les principaux volets de cette stratégie sont les suivants :

- Acquérir la connaissance nécessaire des activités de l'économie du partage/à la demande, en cernant bien ses principaux acteurs et modèles d'affaires, ses principaux secteurs, sa taille et sa croissance potentielle. Une analyse particulière des secteurs de l'hébergement et des transports, qui dominent actuellement l'économie du partage/à la demande, est incluse dans ce Rapport à l'appui de cette évaluation.
- Évaluer, s'il y a lieu, la nécessité d'une intervention dans le domaine de la TVA/TPS et établir ses principaux objectifs (le « pourquoi »). Il s'agira probablement entre autres de préserver les recettes de la TVA/TPS et/ou d'envisager la possibilité d'élargir l'assiette de la TVA/TPS, et de réduire les risques de distorsion de concurrence.
- Déterminer et mettre en œuvre la ou les réponses à apporter en matière de politique et d'administration de la TVA/TPS (le « comment »). Les plateformes de l'économie du partage/à la demande auront probablement un rôle à jouer à cet effet dans le partage des données et/ou la collecte de la TVA/TPS. Il est en outre possible d'envisager une série de mesures en matière de politique et d'administration afin de faciliter et de simplifier le respect des obligations fiscales pour les fournisseurs de l'économie du partage/à la demande.

Dans le cadre de l'analyse des différents volets d'action envisageables en matière de TVA/TPS pour répondre à l'essor de l'économie du partage/à la demande et de la définition d'orientations pour leur conception et leur mise en œuvre, ce Rapport présente notamment les conclusions et observations suivantes :

- **Il est tout à fait possible que les juridictions n'aient pas pour principal objectif d'assujettir l'ensemble des activités relevant de l'économie du partage/à la demande aux règles de la TVA/TPS.** Une juridiction pourra souhaiter par exemple suivre dans un premier temps les évolutions dans les secteurs de l'économie du partage/à la demande afin de pouvoir prendre des mesures rapides et ciblées lorsque nécessaire.
- **Les juridictions pourront opter pour une stratégie échelonnée**, dans le cadre de laquelle elles concentreront avant tout leur action sur les secteurs dominants, qui peuvent faire peser les risques les plus immédiats sur les recettes de la TVA/TPS et/ou sur la neutralité concurrentielle.
- **La réponse à privilégier devra être compatible avec les règles et principes généraux du système de TVA/TPS de la juridiction concernée et limiter les nouvelles exceptions ou les régimes spéciaux**. Cette approche reflète notamment le souhait des juridictions de garantir une égalité de traitement des différents circuits de distribution d'un marché donné, qu'ils soient traditionnels ou numériques.
- **Les administrations fiscales seront souvent confrontées à la difficulté de trouver un équilibre entre, d'une part, la nécessité de protéger les recettes et de réduire les distorsions de concurrence et, d'autre part, la nécessité de préserver l'efficacité de l'administration de l'impôt et d'éviter aux acteurs de l'économie du partage/à la demande d'être confrontés à une charge administrative excessive**. Dans ce dernier cas, il pourrait être souhaitable d'éviter de faire entrer dans le système de TVA/TPS un trop grand nombre de nouveaux acteurs de l'économie du partage/à la demande, ayant peut-être des connaissances limitées et/ou une capacité limitée à respecter leurs obligations fiscales. Les recettes et les effets concurrentiels de cette approche peuvent être considérables dès lors que l'on passe d'un nombre restreint de grands opérateurs traditionnels soumis

pour la plupart à la TVA/TPS à un nombre élevé de petits opérateurs de l'économie du partage/à la demande dont l'activité peut rester hors du champ d'application de cette taxe (par exemple l'activité hôtelière par opposition à la location de logements de vacances de courte durée). Assujettir aux règles de la TVA/TPS les nouveaux opérateurs de l'économie du partage/à la demande peut néanmoins faire peser une pression indue sur les administrations fiscales et créer des problèmes de conformité pour les opérateurs.

- **Au vu de la nécessité d'apporter une réponse équilibrée à ce problème, ce Rapport énonce un certain nombre de mesures possibles visant à gérer le nombre de nouveaux acteurs économiques entrant dans le système de TVA/TPS, ainsi qu'à simplifier le respect des obligations fiscales pour les fournisseurs de l'économie du partage/à la demande.** Ces mesures incluent : la détermination d'un seuil d'assujettissement à et/ou de collecte de la TVA/TPS ; la conception de régimes d'imposition forfaitaire pour déterminer l'exigibilité de la TVA/TPS ; la simplification de la comptabilité et de la déclaration ; la mise en œuvre de mécanismes de collecte de la TVA/TPS par paiement scindé/retenue à la source ; le recours à la technologie pour faciliter l'administration de la TVA/TPS et simplifier le respect des obligations fiscales ; la mise en place d'obligations déclaratives pour les tiers ; la mise en œuvre d'activités d'éducation ou d'autres activités de sensibilisation du contribuable.
- **Ce Rapport met en exergue les importantes possibilités de faciliter l'administration et le respect du régime de TVA/TPS qui découlent du rôle central joué par les plateformes numériques dans l'activité et l'essor de l'économie du partage/à la demande, lequel est alimenté par une analytique des données avancée.** Il envisage différentes approches pour la mise en œuvre des obligations de communication des données, en tirant notamment parti des Règles types de déclaration à l'intention des vendeurs relevant de l'économie du partage et de l'économie à la demande publiées par l'OCDE en 2020 ; la collecte de la TVA/TPS par les plateformes numériques sur les transactions de l'économie du partage/à la demande qu'elles facilitent ; et l'éducation des fournisseurs de l'économie du partage/à la demande sur leurs obligations en matière de TVA/TPS.
- **Tout en présentant les différentes options qui s'offrent aux pouvoirs publics, ce Rapport met en lumière les opportunités considérables créées par le rôle des plateformes numériques et les mégadonnées pour améliorer la visibilité et la traçabilité de l'activité économique et de formaliser une activité économique auparavant informelle en particulier dans les économies en développement.**

Enfin, le Rapport présente différentes mesures d'accompagnement visant à garantir l'efficacité et le bon fonctionnement de ces options, comme des stratégies ciblées de gestion des risques, fondées notamment sur l'utilisation extensive des données des tiers pour aider au **contrôle** de la conformité et à l'analyse des données ; des mesures dissuasives pour décourager les infractions ; et/ou une coopération administrative internationale solide lorsque nécessaire.

1 Analyse des incidences sur la TVA/TPS de l'économie du partage/à la demande en tant que composante de l'économie des plateformes - panorama d'ensemble

Ce chapitre décrit le contexte global de ce Rapport, et notamment l'essor spectaculaire de l'économie du partage/à la demande, ses grandes caractéristiques et les principaux modèles d'activité qui sont jugés pertinents du point de vue de la TVA/TPS, ainsi que les difficultés et opportunités associées à ce phénomène. Il définit également l'objectif et la portée de ce Rapport.

1.1. Introduction

La transformation numérique de l'économie opérée à la faveur des avancées technologiques a bouleversé les schémas de vente et de consommation de biens et de services. Entre autres évolutions, l'émergence de l'économie dite « du partage/à la demande » marque un changement de paradigme, avec le passage de la propriété à une utilisation temporaire, fondée sur l'accès, du capital humain et matériel et/ou des actifs, principalement par et entre des particuliers, en contrepartie d'un paiement.

Bien que la notion du « partage » d'actifs et/ou de ressources en tant que modèle socioéconomique ne soit pas entièrement nouvelle, les progrès technologiques récents, et notamment l'essor des plateformes numériques qui offrent des solutions de pointe et des outils pour inspirer la confiance, ont grandement facilité le développement de l'économie du partage/à la demande en améliorant l'accessibilité de ces actifs et de ces ressources et la capacité des utilisateurs à engager des transactions avec beaucoup de souplesse, de sécurité et de commodité, tout en réduisant les asymétries d'information et divers coûts transactionnels.

Le rôle déterminant joué par les plateformes numériques dans l'économie du partage/à la demande est reconnu par le rapport publié par l'OCDE en 2019 sur le rôle des plateformes numériques dans la collecte de la TVA/TPS sur les ventes en ligne (le rapport de 2019 sur les plateformes numériques) (OCDE, 2019[1]). Ce rapport livre des conseils pratiques aux autorités fiscales sur la conception et la mise en œuvre de différentes solutions permettant une collecte efficace et efficiente de la TVA/TPS sur les ventes en ligne réalisées via des plateformes numériques. Il souligne toutefois qu'au sein de l'économie des plateformes, l'économie du partage/à la demande présente des caractéristiques spécifiques appelant une évaluation et une analyse plus poussées (OCDE, 2019[1]).

L'essor spectaculaire des activités relevant de l'économie du partage/à la demande, facilitée par les plateformes numériques, révolutionne la réalité commerciale dans un certain nombre de secteurs, notamment ceux des transports (avec l'émergence des services de VTC) et de l'hébergement (en particulier les locations de vacances de courte durée). Cette nouvelle réalité, dans laquelle de nombreux nouveaux acteurs économiques exercent leurs activités commerciales selon des modalités inédites qui peuvent échapper aux règles fiscales et aux pratiques administratives traditionnelles, peut avoir des conséquences sur la conception, l'administration et les recettes de la TVA/TPS, ainsi que sur la position concurrentielle des entreprises traditionnelles.

Compte tenu de la nécessité d'évaluer plus avant la problématique et de consulter les parties prenantes concernées sur le rôle des diverses plateformes numériques dans le processus de conformité à la TVA/TPS des ventes réalisées par les acteurs de l'économie du partage/à la demande, le Groupe de travail n° 9 de l'OCDE sur les impôts sur la consommation (GT9), qui réunit des responsables de la politique de la TVA/TPS de pays membres et de pays partenaires de l'OCDE, a jugé opportun de mener des travaux spécifiques dans ce domaine. Ces travaux devaient replacer l'économie du partage/à la demande dans le contexte de l'économie des plateformes de façon plus générale et étudier les caractéristiques et aspects spécifiques pouvant avoir une incidence sur la conception et le fonctionnement de la contribution des plateformes numériques à la collecte de la TVA/TPS tels qu'ils sont décrits dans le rapport de 2019 sur les plateformes numériques (OCDE, 2019[1]).

Cette demande d'approfondissement des travaux de l'OCDE dans ce domaine a trouvé un large écho lors de la réunion du Forum mondial sur la TVA qui s'est tenue en mars 2019, durant laquelle les administrations fiscales des pays du monde entier ont souligné la nécessité urgente pour l'OCDE de consacrer des travaux au traitement de l'économie du partage/à la demande au regard de la TVA/TPS. Les participants ont attiré l'attention sur le fait que l'incidence potentiellement importante sur les recettes tirées de la TVA/TPS, sur l'administration de l'impôt et sur la position concurrentielle des entreprises traditionnelles devait être au cœur de la réflexion. Cet appel à mener des travaux sur le traitement de l'économie du partage/à la demande, au regard de la TVA/TPS, a reçu un appui résolu de *Business at*

OECD, membre du Groupe technique consultatif du GT9. Le Comité des affaires fiscales (CAF) de l'OCDE et le Conseil de l'OCDE ont confirmé l'importance de ces travaux en les incluant en tant que priorité dans le Programme de travail et Budget du CAF pour 2019-20.

Dans ce contexte, l'OCDE a rédigé ce Rapport avec la contribution active de l'ensemble des principales parties prenantes concernées, notamment des entreprises, et de pays non membres de l'OCDE, via le Forum mondial sur la TVA.

1.1.1. Objectif de ce Rapport

Il est désormais admis que l'économie du partage/à la demande pose une série de questions économiques, sociales, fiscales, juridiques et réglementaires qui vont au-delà de la conception de la politique en matière de TVA/TPS. Bien que ce Rapport analyse l'incidence possible de ces différentes dimensions sur la politique et de l'administration de la TVA/TPS et inversement, le cas échéant, il s'intéresse uniquement aux aspects relatifs à la TVA/TPS.

Aussi, le principal objectif est d'améliorer la compréhension, par les autorités fiscales, de l'économie du partage/à la demande sous l'angle économique et commercial, d'identifier et d'analyser les opportunités qu'elle ouvre et les difficultés qu'elle soulève en ce qui concerne la politique et l'administration de la TVA/TPS, et de suggérer des approches possibles et des mesures que les autorités fiscales pourraient envisager de prendre à cet égard.

L'hypothèse sous-jacente est que les autorités fiscales souhaitent sans doute analyser et étudier les répercussions de l'économie du partage/à la demande sur la TVA/TPS à la lumière des circonstances et des objectifs qui leur sont propres. Cela étant, il est tout à fait possible que le but principal des pouvoirs publics ne soit pas d'assujettir l'ensemble des transactions relevant de l'économie du partage/à la demande aux règles de la TVA/TPS.

Ce Rapport n'a pas pour but d'énoncer des prescriptions transposables dans les législations nationales. Les juridictions sont souveraines dans la conception et l'application de leur législation. Il a plutôt pour objet d'aider les autorités fiscales à mieux comprendre ce phénomène en pleine évolution, à évaluer et à élaborer des réponses possibles pour gérer les conséquences sur la TVA/TPS de la croissance de l'économie du partage/à la demande, en veillant en particulier à optimiser l'efficacité de ces mesures et, dans la mesure du possible, leur cohérence entre juridictions. La cohérence internationale contribuera à faciliter le respect des règles, à abaisser les coûts de conformité et la charge administrative et à améliorer l'efficacité des régimes de TVA/TPS, notamment au regard du fait que les divers acteurs de l'économie du partage/à la demande, et notamment les plateformes numériques, sont vraisemblablement soumis à des obligations différentes dans de multiples juridictions.

À partir du constat que l'économie du partage/à la demande relève de l'économie des plateformes au sens large, mais possède des caractéristiques spécifiques, ce Rapport complète celui de 2019 sur les plateformes numériques (OCDE, 2019[1]). Il est appelé à évoluer, compte tenu notamment du développement rapide des technologies, du large éventail d'activités en jeu et de leur processus de déploiement.

1.1.2. Portée de ce Rapport

Ce Rapport propose une analyse des principales caractéristiques de l'économie du partage/à la demande et de ses modèles d'activité qui pourraient être pertinentes au regard de la TVA/TPS et présente un ensemble de réponses possibles face à l'impact de l'essor de l'économie du partage/à la demande sur la politique et l'administration de la TVA/TPS. Ces mesures englobent les fonctions qui pourraient être dévolues aux plateformes numériques participant à la chaîne d'approvisionnement de l'économie du partage/à la demande, ainsi que les options politiques et administratives de plus large portée.

Pour évaluer les approches possibles, au regard des principales caractéristiques de l'économie du partage/à la demande qui sont pertinentes pour la TVA/TPS, le Rapport tient compte des objectifs stratégiques potentiels poursuivis par une juridiction et de l'intérêt pour elle de se fonder sur les Conditions cadres d'Ottawa sur la fiscalité, notamment en matière de neutralité, d'efficience, de certitude et de simplicité, d'efficacité et d'équité, ainsi que de souplesse dans la définition et l'application des mesures retenues.

Ce Rapport s'appuie, le cas échéant, sur les Principes directeurs internationaux pour la TVA/TPS (OCDE, 2017[2]) et autres travaux pertinents de l'OCDE entrepris pour répondre à la transformation numérique de l'économie, et notamment sur le Rapport de 2019 sur les plateformes numériques (OCDE, 2019[1]) et les Règles types de déclaration de 2020 à l'intention des vendeurs relevant de l'économie du partage et de l'économie à la demande (OCDE, 2020[3]). Les observations et les analyses menées dans les juridictions ayant pris des mesures, en matière de TVA/TPS en direction de l'économie du partage/à la demande, ou envisageant de le faire, ont été mises à profit dans ces travaux, et réciproquement, dans le cadre d'un processus continu de partage des fruits de la réflexion et de l'expérience.

Tout en reconnaissant que l'essor de l'économie du partage/à la demande peut soumettre les systèmes de TVA/TPS à différentes pressions, en fonction du secteur considéré, mais aussi de la structure du marché de la juridiction et de son régime de TVA/TPS, les éléments recueillis laissent penser que les secteurs de l'hébergement et du transport sont ceux qui mettent le plus au défi la politique de TVA/TPS au niveau mondial, et qui appellent donc la réaction la plus urgente et/ou la plus énergique sous l'angle de la politique et de l'administration de la TVA/TPS. Les secteurs de l'hébergement et du transport font donc office de secteurs pilotes, reposant respectivement sur le partage d'actifs et le partage de main-d'œuvre, pour analyser le fonctionnement de l'économie du partage/à la demande (voir l'annexe D au présent Rapport). L'analyse de ces deux secteurs apportera sans doute un éclairage sur celle d'autres secteurs de l'économie du partage/à la demande, le cas échéant.

Les auteurs du Rapport s'attachent à employer une terminologie neutre plutôt que des termes qui pourraient être déjà utilisés dans certaines juridictions ou qui pourraient avoir un sens différent d'une juridiction à l'autre. Il importe donc que les juridictions prennent en compte le sens général des termes employés.

L'idée n'est pas de tenter de définir l'expression « économie du partage/à la demande » car c'est un concept susceptible d'évoluer dans le temps. Plusieurs termes différents sont utilisés dans les ouvrages de recherche ainsi que par les juridictions qui ont pris des mesures visant à remédier aux conséquences sur la TVA/TPS dans ce domaine ou qui envisagent de le faire. L'économie du partage/à la demande s'accompagne de défis sans précédent, notamment pour les responsables publics qui tentent de mesurer sa taille et son impact et d'élaborer des réponses appropriées. Aussi, le Rapport utilise l'expression générique « économie du partage/à la demande » pour désigner la sphère de l'économie des plateformes qui possède un certain nombre de caractéristiques spécifiques jugées pertinentes du point de vue de la TVA/TPS. Au regard de ces caractéristiques spécifiques et en se fondant sur les définitions existantes, ce Rapport a recours à une définition (de travail) large pour qualifier l'économie du partage/à la demande, à savoir : « *Un modèle socioéconomique basé sur l'accessibilité, généralement permis ou facilité par des solutions technologiques avancées et des outils de renforcement de la confiance, dans lequel des ressources humaines ou matérielles et/ou des actifs sont accessibles (pour un usage temporaire)/partagés - dans une large mesure - entre individus aux fins d'en tirer des avantages monétaires ou non monétaires ou les deux* ».

En général, les activités qui se rattachent à l'économie du partage impliquent la cession temporaire de l'usage d'actifs/de ressources (quelquefois) sous-utilisés, par opposition au transfert de propriété, comme la location de courte durée (vacances) de son appartement, ou le partage d'un outil (équipement) pour un travail manuel. En principe, les activités à la demande visent à permettre à une main-d'œuvre (très ou peu) qualifiée de proposer sa force de travail et/ou des services professionnels sur un marché caractérisé par la prévalence de contrats de courte durée, et souvent atypiques, ou du travail indépendant, par opposition aux emplois permanents et aux contrats de travail classiques (Cf. *Rapport de l'OCDE Les défis fiscaux soulevés par la numérisation de l'économie – rapport intérimaire 2018* (OCDE, 2018[4])). Ces activités à la demande peuvent inclure des services de ménage, de jardinage, ou des services plus intellectuels tels que la création d'un site web, des prestations informatiques ou des services de conseil. La distinction entre les différentes catégories de l'économie du partage et à la demande n'est pas toujours très nette (exemple d'un chauffeur qui dispose de places libres dans sa voiture et qui propose de transporter des passagers qui vont dans la même direction que lui, contre rémunération). Les acteurs de l'économie du partage/à la demande peuvent souvent cumuler différentes activités impliquant le partage d'actifs et de main-d'œuvre.

Il est reconnu dans ce Rapport que le statut des acteurs de l'économie du partage/à la demande au regard de la TVA/TPS (y compris des plateformes et des fournisseurs concernés) dans une juridiction donnée sera généralement déterminé en fonction des règles normales de TVA/TPS de cette juridiction, souvent au cas par cas à la lumière de faits et de circonstances. Cela englobe la question de savoir si une plateforme de l'économie du partage/à la demande agit en qualité de mandataire ou d'agent aux fins de la TVA/TPS (voir l'encadré 1.2. ci-dessous). C'est le nombre élevé de nouveaux acteurs économiques susceptibles d'être assujettis au régime de TVA/TPS du fait de l'essor de l'économie du partage/à la demande qui soulève les principaux défis en matière de politique et d'administration de la TVA/TPS. Ces nouveaux acteurs ont souvent une connaissance limitée des règles de TVA/TPS et une faible capacité à s'y conformer (microentreprises, PME par exemple) alors même que leurs activités peuvent générer des recettes de TVA/TPS très élevées et entraîner des risques de distorsions de concurrence qui sont minimes au niveau individuel, mais peuvent devenir considérables au niveau global. Le but de ce Rapport est avant tout d'identifier et d'analyser ces défis et de proposer aux responsables de la politique et de l'administration fiscales une série d'options pour y répondre.

1.2. Comprendre l'économie du partage/à la demande en tant que composante de l'économie des plateformes - introduction générale

1.2.1. La croissance rapide de l'économie du partage/à la demande à l'échelon régional et mondial

La croissance rapide de l'économie du partage/à la demande est un phénomène mondial. Un certain nombre de grandes plateformes de l'économie du partage/à la demande exercent leur activité dans diverses juridictions du monde entier. Alors que l'économie du partage/à la demande continue d'évoluer, et compte tenu de la complexité et de la multiplicité des plateformes et des activités en jeu, on ne dispose pas encore de données abondantes permettant de déterminer de façon fiable sa taille véritable. Le recueil de données statistiques pour en mesurer la taille, la croissance et les activités ont montré leurs limites, mais des efforts sont engagés pour élaborer un cadre et une méthodologie qui permettent d'améliorer la mesure de l'économie du partage/à la demande. Malgré ces difficultés, les éléments dont on dispose laissent penser que l'économie du partage/à la demande a connu une forte croissante et pris une ampleur internationale ces dernières années, et qu'elle recèle un potentiel de croissance non négligeable pour l'avenir. Selon une étude de 2019 couvrant les principaux marchés du monde, les activités relevant de l'économie du partage/à la demande se chiffraient à 204 milliards USD en 2018 et devraient atteindre 455 milliards USD d'ici 2023 sachant que les consommateurs deviennent plus réceptifs au concept du partage et que la mondialisation va s'accélérant (Mastercard and Kaiser Associates, 2019[5]).[1]

L'économie du partage/à la demande est en constante évolution. La pandémie de COVID-19 (voir l'Annexe B pour une analyse plus poussée), conjuguée à d'autres évolutions dans le domaine réglementaire (évolutions du droit du travail susceptibles de redéfinir les relations entre les plateformes et leurs fournisseurs, par exemple) et technologique (utilisation potentielle de voitures autonomes à l'avenir), pourrait transformer la portée et le champ de l'économie du partage/à la demande à l'échelle nationale et mondiale. Il est donc nécessaire de suivre en permanence les évolutions dans ce domaine.

Secteurs clés émergents de l'économie du partage/à la demande

Compte tenu de sa diversité, l'économie du partage/à la demande peut englober une large palette d'activités dans différents secteurs de l'économie. L'encadré 1.1. ci-après décrit les quatre secteurs clés émergents de l'économie du partage/à la demande.

Encadré 1.1. Secteurs clés émergents de l'économie du partage/à la demande

- **Secteur des transports** : en général, les plateformes mettent en relation des chauffeurs, qui peuvent être des non-professionnels au sens où ils ne sont parfois pas titulaires d'une licence professionnelle (licence de taxi par exemple), mais uniquement d'un permis de conduire normal, avec des passagers, en général des particuliers, pour un trajet plus ou moins long. Il est à noter que les juridictions ont de plus en plus recours à l'application de mesures imposant aux chauffeurs d'acquérir une licence professionnelle pour pouvoir proposer notamment des services de VTC en ligne (pour plus de détails, voir l'annexe D).
- **Secteur de l'hébergement** : en général, les plateformes mettent en lien des clients potentiels avec des logeurs, professionnels ou non professionnels, qui proposent des services d'hébergement. De plus en plus, les plateformes ajoutent d'autres services tels que la vente de billets d'avion, la location de voiture et des formules de vacances, soit en leur nom propre, soit pour le compte d'autres plateformes et/ou de tiers (voir l'annexe D pour plus de détails).
- **Secteur des services à la demande** : en général, les plateformes permettent à des particuliers (le plus souvent) de trouver des prestataires plus ou moins qualifiés prêts à rendre des services manuels et/ou professionnels. Ces services incluent des travaux manuels (qualifiés), de type ménage, déménagement ou bricolage, qui se concrétisent principalement par une livraison physique, et des services professionnels, comme la création de sites web, des services de conseil juridique ou informatique, la saisie de données ou d'autres tâches de microtravail qui se concrétisent principalement par une livraison numérique.
- **Finance participative, y compris financement communautaire, prêts et dons** : en général, les plateformes mettent en relation des particuliers et des entreprises souhaitant investir, prêter et emprunter de l'argent directement entre elles, sans intervention des établissements financiers traditionnels tels que les banques. Il s'agit principalement de plateformes de financement participatif et de prêts entre particuliers (soit entre consommateurs, soit entre investisseurs et PME et/ou en faveur de start-ups).

Source : recherches de l'OCDE basées sur des sources publiques

Les éléments disponibles montrent que les secteurs de l'hébergement et des transports sont les deux principaux secteurs en termes de valeur totale des transactions. Cumulés, ils représentent environ 90 % de la valeur totale du marché de l'économie du partage/à la demande à l'échelle mondiale (voir le graphique 1.1. ci-après).

On prévoit que les taux de croissance des deux secteurs (transports et hébergement) qui dominent actuellement le marché vont rester élevés dans les années à venir et leur permettre de maintenir leur position. Des sous-modèles d'activité dans le secteur des transports, comme la livraison par VTC (livraison de repas et de courses, par exemple), devraient aussi connaître une croissance rapide sachant que les grandes plateformes de VTC continuent d'étendre leurs activités dans ces deux domaines en exploitant leur réseau solidement établi de chauffeurs pour offrir d'autres services (pour une description plus détaillée de ces sous-modèles d'activité, voir l'annexe D). Le secteur des services professionnels et celui du financement participatif/des prêts sont également des secteurs offrant des perspectives de croissance considérables.

Graphique 1.1. Volume d'activité de l'économie du partage/à la demande, ventilation sectorielle (milliards USD, 2018)

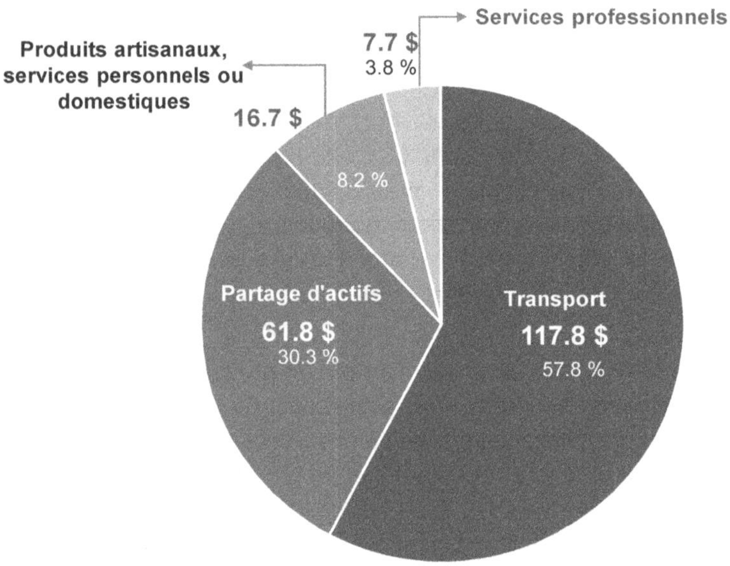

Note : Les zones géographiques couvertes sont l'Australie, le Brésil, les Émirats arabes unis, les États-Unis, la France, l'Inde, l'Indonésie et le Royaume-Uni.
Source : The Global Gig Economy: Capitalizing on a ~$500B Opportunity (2019) by Mastercard and Kaiser Associates (Mastercard and Kaiser Associates, 2019[5])

L'économie du partage/à la demande dans les pays émergents

L'économie du partage/à la demande est aussi en pleine expansion dans les pays en développement, et ce phénomène est souvent très visible dans la vie quotidienne. Une enquête mondiale réalisée par Nielsen en 2014 a montré que les habitants des pays en développement sont plus réceptifs à l'idée de partager des actifs que ceux des régions développées : Asie-Pacifique (78 %) ; Amérique latine (70 %) ; Moyen-Orient/Afrique (68 %) ; Europe (54 %) et Amérique du Nord (52 %) (Nielsen, 2014[6]).

D'après les éléments recueillis, les marchés en développement représentent un potentiel plus important de croissance de l'économie à la demande, en particulier compte tenu de l'intérêt souvent très vif que le travail indépendant (relevant de l'économie « à la demande ») suscite au sein de leurs populations en augmentation. Si l'on ajoute les progrès dans la diffusion des téléphones mobiles et dans l'accès aux services de banque en ligne, ces pays émergents devraient représenter une fraction plus élevée de l'économie à la demande à l'avenir, sous l'effet de l'accélération des taux d'activité des travailleurs indépendants (Mastercard and Kaiser Associates, 2019[5]).

Les secteurs de prédilection des entreprises appartenant à l'économie du partage/à la demande actives dans les pays à faible revenu et à revenu intermédiaire comprennent les services de taxi par motocyclettes, la mise en relation des travailleurs indépendants avec des clients potentiels, les activités agricoles, notamment celles impliquant le partage d'informations sur les prix des cultures, les risques de maladies et les traitements, ou le partage de matériel agricole, d'installations de stockage ou de transformation (mise en relation des exploitants qui possèdent des tracteurs avec ceux qui en ont besoin, par exemple).

Alors que les géants mondiaux des plateformes opérant dans de nombreux pays étendent leur offre aux économies en développement, certains services classiques de l'économie du partage/à la demande ont été reproduits à l'échelon local et régional et des plateformes de dimension régionale voient le jour afin de répondre aux besoins et aux spécificités propres aux différentes régions.

1.2.2. Les moteurs de l'économie du partage/à la demande

La multiplication des activités relevant de l'économie du partage/à la demande survenue au cours de la dernière décennie a été pour beaucoup le fruit des progrès technologiques facilités dans une large mesure par les plateformes numériques ; en effet, celles-ci offrent un potentiel énorme de croissance rapide, d'accroissement du champ et de la fréquence des transactions pour un coût réduit et une meilleure accessibilité, ainsi que des garanties de sécurité et une grande facilité de connexion et de paiement.

Outre les avancées technologiques, les études et éléments disponibles révèlent que divers facteurs économiques et sociaux sous-tendent l'essor de l'économie du partage/à la demande. Un facteur essentiel est la forte demande du marché, révélatrice de l'intérêt des consommateurs pour les produits/services de l'économie du partage/à la demande et du souhait de monétiser des actifs existants sous-utilisés, qui a drainé des afflux importants de financements privés, surtout dans certains secteurs (VTC, par exemple).

Un autre facteur est l'évolution des comportements économiques, consécutive notamment à la crise économique et financière, incitant les consommateurs à chercher de nouveaux moyens d'épargner et de percevoir un revenu supplémentaire tout en ménageant un meilleur équilibre entre vie professionnelle et vie privée. Cet état d'esprit est plus profondément ancré chez les jeunes. Des études montrent que les personnes qui offrent des services à forte intensité de main-d'œuvre se situent généralement au bas de l'échelle des revenus, tandis que celles qui proposent des services à forte intensité de capital perçoivent des revenus mensuels moyens plus élevés.

En outre, l'absence de réglementation (adaptée/ciblée) peut aussi jouer un rôle. L'une des raisons qui expliquent la popularité grandissante de l'économie du partage/à la demande est sans doute le peu d'obstacles pour y accéder, notamment du fait de l'absence de réglementation (adaptée/ciblée), qui permet aux consommateurs et aux fournisseurs d'inverser les rôles facilement et rapidement. En pratique, cela signifie qu'une personne qui le souhaite peut aisément entreprendre une activité régulière (à temps complet) et en faire sa principale source de revenu, ou exercer une activité périodiquement (à temps partiel) afin de compléter ses revenus. Cette souplesse dans le choix de la fréquence de l'offre de services est précieuse car elle réduit le coût d'opportunité du travail et augmente l'efficience. Elle peut avoir des effets positifs sur le bien-être en permettant aux acteurs de l'économie du partage/à la demande de travailler quelques heures supplémentaires ou de louer un actif, ce qui allège leurs contraintes budgétaires et élargit le champ des possibles.

Parmi les autres facteurs sociaux, pourrait figurer l'attention de plus en plus grande portée aux préoccupations environnementales. Le partage d'actifs sous-employés peut passer pour une solution efficace afin de réduire les déchets et de s'engager dans des schémas économiques plus durables et plus respectueux de l'environnement. En outre, on peut associer l'économie du partage/à la demande avec des initiatives sociales, comme l'autonomisation des communautés et l'amélioration de l'accès à une variété de biens, services et infrastructures qui à défaut ne seraient pas disponibles ou seraient réservés aux grandes entreprises ou aux ménages à haut revenu. Le développement d'un état d'esprit fondé sur le partage chez les jeunes constitue un facteur d'évolution supplémentaire.

1.2.3. Modèles d'activité développés par les plateformes numériques - Aperçu

Comme indiqué précédemment, les plateformes numériques sont à l'avant-garde du développement et de l'expansion de l'économie du partage/à la demande et la croissance car elles s'appuient sur des technologies de pointe pour mettre en relation des fournisseurs et des utilisateurs de services relevant de l'économie du partage/à la demande toujours plus diversifiés. Les plateformes numériques impliquées dans l'économie du partage/à la demande couvrent un large spectre, allant des petites start-ups axées sur des marchés de niche à des géants mondiaux. De nouvelles plateformes ne cessent de voir le jour et leurs modèles d'activité continuent d'évoluer. Au sein même d'un secteur, il peut exister plusieurs variantes de différents modèles d'activité.

Le graphique 1.2. ci-dessous illustre quatre modèles d'activité types de plateforme de l'économie du partage/à la demande caractérisés en fonction des deux dimensions, « contrôle » et « situation concurrentielle », décrites dans les paragraphes qui suivent :

- **La dimension « contrôle »,** qui désigne le niveau de contrôle exercé par l'opérateur de la plateforme (le fait de savoir si la plateforme dicte les conditions de la prestation de service, par exemple), diffère souvent d'une plateforme à l'autre. Une plateforme peut par exemple exercer un contrôle étroit sur l'ensemble du processus de prestation de service (en agissant au nom du fournisseur ou en revendant les services, en gérant les contenus et les ventes, en mettant les fournisseurs en relation avec les utilisateurs via une application centralisée, en fixant les prix) ; ou exercer un contrôle moins serré et jouer davantage un rôle d'encadrement que de supervision, auquel cas elle contrôle l'expérience des utilisateurs sur la plateforme, sachant que la fourniture sous-jacente et ses modalités sont contrôlées par le fournisseur et l'utilisateur et font l'objet d'un contrat entre eux. Elle coordonne les initiatives des participants et tire un avantage concurrentiel en cultivant des relations à long terme avec les fournisseurs. En dépit des différences entre les modèles d'activité, toutes les plateformes semblent exercer un certain contrôle car il est dans leur intérêt de rationaliser les services afin de faciliter les transactions et d'offrir une expérience optimale aux clients.
- **La dimension « situation de rivalité »**, qui définit dans quelle mesure un mécanisme de marché s'exerce sur la plateforme, peut elle aussi différer selon les plateformes. Ainsi, les utilisateurs peuvent être autorisés à fixer leurs propres prix sur la base d'une recommandation de l'algorithme de la plateforme qui tient compte de l'offre et de la demande ; ou bien les prix peuvent être fixés en fonction d'un algorithme de prix dynamique tenant compte des variations de l'offre et de la demande, ou sur la base de catégories prédéfinies plutôt que d'ajustements dynamiques. Les fournisseurs sont parfois obligés d'appliquer les prix déterminés par la plateforme (c'est le modèle généralement utilisé par les plateformes d'autopartage/de covoiturage).

Graphique 1.2. Les quatre modèles d'activité des plateformes de l'économie du partage/à la demande

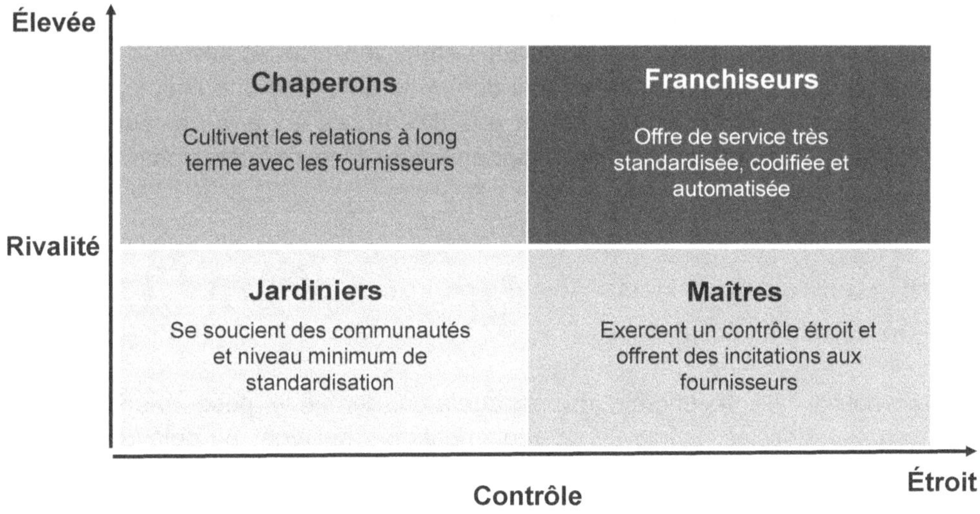

Source : Four Models of Sharing Economy Platforms (2017) by MIS Quarterly Executive (Constantiou, 2017[7])

Au regard de la politique en matière de TVA/TPS, il n'est peut-être pas inutile de préciser que ces différences dans les modèles d'activité au sein d'un même secteur ont un impact sur l'intensité du contrôle exercé par une plateforme sur les fournisseurs/utilisateurs ; sur les informations recueillies par la plateforme ou disponibles sur la plateforme ; sur les flux de paiement au titre des activités de l'économie du partage/à la demande facilitées par la plateforme. L'annexe D décrit plus en détail les modèles d'activité opérés par les grandes plateformes dans les deux principaux secteurs de l'économie du partage/à la demande, à savoir l'hébergement et le transport, en indiquant les principales caractéristiques de ces plateformes et les fonctions qu'elles exercent.

Évolution et convergence des modèles d'activité

À mesure que les plateformes numériques relevant de l'économie du partage/à la demande passent à une échelle supérieure, elles sont de plus en plus nombreuses à proposer un éventail de services basés sur différents modèles d'activité. Une plateforme de VTC peut par exemple faciliter l'offre de services de covoiturage en mettant les chauffeurs en relation avec des passagers qui vont dans la même direction, avec partage des coûts de la course. De même, certaines plateformes, notamment dans le secteur de l'hébergement, facilitent les transactions entre plateformes, grâce auxquelles la plateforme d'accueil peut offrir au consommateur final (un accès à) une gamme plus étendue de services via d'autres plateformes ou des tiers.

Dans le même temps, une autre tendance importante observée est la convergence grandissante entre les activités et les modèles d'activité prévalant dans l'économie du partage/à la demande et le reste de l'économie (transactions traditionnelles et plateformes). Soucieux de rester compétitifs, les opérateurs traditionnels, confrontés à la concurrence des acteurs de l'économie du partage/à la demande, ont commencé à adapter et à étoffer leur offre pour réagir face cette réalité nouvelle.

Ils le font notamment en lançant leurs propres applications sur des plateformes existantes, en créant des plateformes concurrentes et/ou en acquérant des plateformes existantes. S'ils peuvent certes créer des canaux de distribution en ligne pour concurrencer les plateformes de l'économie du partage/à la demande, les opérateurs traditionnels peuvent aussi diversifier leur offre de services. Les chaînes hôtelières ont ainsi commencé à proposer la location d'appartements ou de résidences de séjour. De leur côté, les plateformes de l'économie du partage/à la demande continuent d'élargir leur offre de services et commencent à ressembler à leurs concurrents traditionnels dans certains cas (dans le secteur de l'hébergement par exemple, elles se mettent à détenir et gérer elles-mêmes les hébergements). Dans le même temps, les activités de partage/à la demande peuvent générer de nouvelles capacités, par exemple, lorsque des individus ne se contentent plus d'utiliser des actifs sous-employés, mais acquièrent des actifs dans le seul but de les proposer à la location pour des séjours de courte durée via une plateforme. Ces tendances peuvent progressivement conduire à l'effacement des différences entre les acteurs de l'économie du partage/à la demande et d'autres opérateurs appartenant à l'économie traditionnelle et/ou à celle des plateformes.

1.3. Répertorier les répercussions possibles sur la TVA/TPS de l'économie du partage/à la demande

Il est désormais admis que l'économie du partage/à la demande pose une série de questions économiques, sociales, fiscales, juridiques et réglementaires qui vont au-delà de la thématique de l'administration et du respect des règles de TVA/TPS. Dans ce Rapport, l'analyse porte toutefois exclusivement sur les conséquences de l'essor de l'économie du partage/à la demande sur la TVA/TPS, lesquelles sont envisagées en prenant en considération les évolutions de ces divers autres aspects de la politique et l'administration de la TVA/TPS, et réciproquement le cas échéant.

Afin de pousser plus avant la réflexion sur ces conséquences, la section 1.3.1 ci-après est tout d'abord consacrée à la détermination et à l'exploration des principales caractéristiques de l'économie du partage/à la demande qui sont pertinentes au regard de la TVA/TPS. La section 1.3.2. concerne les principaux acteurs de la chaîne d'approvisionnement de l'économie du partage et a pour objet d'analyser les interactions entre eux qui seront sans doute pertinentes aux fins de la TVA/TPS. Elle est complétée par une typologie sectorielle, établie en fonction des principales caractéristiques du mode de fonctionnement des différents secteurs, présentée à la section 1.3.3. Les perspectives offertes et les problèmes posés de façon générale, au regard de la TVA/TPS, par l'essor de l'économie du partage/à la demande sont enfin analysés dans les sections 1.3.4. et 1.3.5., à la lumière de la réflexion conduite dans les sections précédentes.

1.3.1. Principales caractéristiques de l'économie du partage/à la demande pertinentes pour la conception de la politique et l'administration de la TVA/TPS

Parce que l'économie du partage/à la demande continue d'évoluer rapidement et que de nouveaux modèles d'activité font leur apparition et ont tendance à converger vers les modèles existants, il est de plus en plus difficile de tracer une limite entre les activités relevant de l'économie du partage/à la demande et celles relevant du reste de l'économie. L'économie du partage/à la demande présente toutefois des caractéristiques spécifiques qui la distinguent de l'économie des plateformes au sens large, et appelle à ce titre une évaluation et une analyse plus poussées au regard de la TVA/TPS.

Les plateformes numériques sont à l'avant-garde du développement et de l'expansion de l'économie du partage/à la demande car elles mettent en relation des fournisseurs et des utilisateurs au moyen de solutions technologiques de pointe et d'outils permettant de renforcer la confiance comme les évaluations en ligne, les dispositifs de gestion de la réputation et autre systèmes de paiement sécurisé en ligne (voir l'annexe D pour un panorama plus détaillé des caractéristiques des plateformes). Pour les plateformes numériques qui participent à l'économie du partage/à la demande, ces outils sont essentiels car les impératifs d'assurance qualité, de vérification, d'optimisation de l'utilisation des avis des clients et de sécurité des paiements sont autant de clés de la réussite.

Les activités relevant de l'économie du partage/à la demande ne sont généralement pas nouvelles (services de transport, location d'hébergements, etc.), mais l'essor des plateformes de l'économie du partage/à la demande rendu possible par les technologies numériques a permis à ces activités d'atteindre une échelle, une ampleur et une fréquence sans précédent à l'échelle planétaire. Il arrive parfois que certaines de ces activités ne soient pas imposées ou soient considérées comme non imposables de façon générale en vertu des régimes de TVA/TPS en vigueur (exploitation d'un actif par un particulier). Or la portée de ces activités de l'économie du partage/à la demande est potentiellement sans limite tant que la technologie permet d'assurer les interactions entre les fournisseurs et les clients intéressés.

Les fournisseurs de l'économie du partage/à la demande sont souvent des particuliers[2] qui réalisent parfois un nombre élevé de transactions de faible valeur (« micro-transactions »), en particulier dans des secteurs de l'économie du partage tels que le transport (services de VTC). Ces particuliers peuvent se livrer à des activités relevant de l'économie du partage/à la demande en complément de leur source principale de revenu et de ce fait, leur activité peut avoir un caractère occasionnel/peu fréquent et être éclatée entre de multiples plateformes.

Ces fournisseurs utilisent souvent des actifs qui sont pour partie aussi utilisés à des fins privées. Ces fournisseurs (particuliers) ne sont souvent guère informés, voire ne sont pas du tout informés, des obligations qui leur incombent en matière de TVA/TPS et n'ont parfois pas la capacité de se conformer à ces obligations même s'ils en ont connaissance. Cependant, les profils et les statuts des fournisseurs de l'économie du partage/à la demande sont également divers et en constante évolution. Si les particuliers agissant comme des travailleurs indépendants (dont la variabilité de revenu est souvent supérieure à la moyenne) peuvent représenter une forte proportion du marché, cela ne signifie pas que les activités relevant de l'économie du partage/à la demande qu'ils exercent ne pourraient pas être tout aussi bien exercées par des personnes ayant constitué une société pour les exercer et/ou moins soumises à une variabilité de revenu, ou par des personnes entretenant avec une plateforme une relation pouvant s'apparenter à une relation employeur-employé dans certains modèles. (Ces aspects sont étudiés plus en détail dans la section 1.3.2 ci-après).

La technologie des plateformes permet à ces fournisseurs d'avoir accès facilement à un grand nombre de « clients » potentiels sans investissement initial, ou moyennant un investissement initial minimal. L'économie du partage/à la demande peut donc être porteuse de la transformation d'un grand nombre d'individus exerçant leur activité via une plateforme en entreprises (potentiellement d'envergure mondiale) qui peuvent collectivement concurrencer les (plus grands) opérateurs économiques traditionnels. Les très nombreux particuliers qui proposent désormais leur bien à la location pour de courtes durées via des plateformes d'hébergement sont par exemple devenues de véritables concurrents du secteur hôtelier traditionnel. La frontière entre particuliers et entreprises devient alors de plus en plus floue.

Les plateformes de l'économie du partage/à la demande n'ont souvent pas de présence physique dans la juridiction où les transactions qu'elles facilitent sont effectuées (réalisées et/ou utilisées ou consommées). Les fournisseurs exerçant des activités relevant de l'économie du partage/à la demande ont généralement une présence dans la juridiction où ces activités sont exercées et/ou conduites.

Cette présence peut consister en une présence physique du fournisseur (présence du conducteur dans le secteur des services de VTC, par exemple) ou se limiter à la présence d'actifs appartenant au fournisseur dans la juridiction ayant la compétence fiscale (bien immobilier d'une certaine valeur se situant dans la juridiction ayant la compétence fiscale, par exemple). Il arrive que certains fournisseurs décident de s'implanter dans une juridiction différente pour exercer à titre temporaire des activités relevant de l'économie du partage/à la demande (travailleurs frontaliers ou personnes séjournant pendant quelques mois dans une juridiction pour y exercer des activités relevant de l'économie du partage/à la demande) bien que ces situations semblent plutôt rares. Si les utilisateurs et les fournisseurs participant à l'économie du partage/à la demande ont souvent les uns et les autres une présence physique dans la juridiction où ces activités sont exécutées et/ou consommées au moment de leur exécution ou de leur consommation (services de transport ou locations pour de courtes durées), ce n'est pas toujours nécessairement le cas (notamment lorsque les services peuvent être fournis à distance), et les utilisateurs et les fournisseurs ont parfois leur résidence habituelle ou leur établissement d'affaires dans des juridictions différentes.

Les activités relevant de l'économie du partage/à la demande supposent généralement l'utilisation (temporaire) de ressources (d'actifs et/ou de main-d'œuvre), sans occasionner de transfert de propriété d'actifs. Il s'agit d'activités pouvant recouvrir la location, l'échange et le partage d'actifs, soit à titre gratuit, soit contre une compensation du coût de l'activité proportionnelle à l'utilisation de l'actif (dispositifs de partage des coûts). Ces activités peuvent aussi être exercées moyennant une contrepartie non monétaire (compensation en nature).

Certains types d'activités relevant de l'économie du partage/à la demande peuvent toutefois ne plus supposer le « partage » de capacités excédentaires tel que décrit précédemment, mais évoluer vers un type plus traditionnel d'activité de service, facilité par une plateforme numérique. Prenons l'exemple d'un conducteur qui loue une voiture qu'il(elle) n'avait pas auparavant pour proposer des courses, par opposition à un conducteur qui dispose de places disponibles dans son véhicule et projette d'effectuer un trajet en particulier en proposant les places libres à des passagers désirant effectuer le même trajet. Il en va de même pour les actifs (sous-utilisés) dans le secteur de l'hébergement : il se peut qu'il devienne de moins en moins facile de déterminer si une activité de location de courte durée concerne des biens (temporairement) sous-utilisés ou des biens ayant par exemple été acquis dans un but d'investissement et principalement proposés pour des locations de courte durée.

Les paiements dans l'économie du partage/à la demande sont généralement effectués à l'aide de moyens de paiement électroniques (cartes de crédit, services bancaires en ligne, bitcoins, etc.) avec ou sans l'intervention des plateformes (le traitement des paiements peut être externalisé et confié à des tiers). L'usage généralisé des moyens de paiement électroniques pourrait améliorer l'accès aux données facilitant le traçage et le suivi des activités de l'économie du partage/à la demande et/ou aux données pertinentes pour permettre la vérification du respect des obligations en matière de TVA/TPS dans le cas de transactions de l'économie du partage/à la demande (y compris pour aider les plateformes à s'acquitter de ces obligations pour le compte des fournisseurs impliqués dans l'économie du partage/à la demande). Les données dont on dispose donnent toutefois à penser que les paiements en espèces sont encore acceptés dans certains secteurs et/ou par certains opérateurs, en particulier dans les économies en développement.

1.3.2. Recenser les principaux acteurs/les principales interactions potentiellement pertinents au regard de la TVA/TPS – Scénario de base pour la chaîne d'approvisionnement de l'économie du partage et à la demande

La détermination du rôle et du statut des acteurs impliqués dans la chaîne d'approvisionnement de l'économie du partage/à la demande est un élément important lorsque l'on s'intéresse au traitement, au regard de la TVA/TPS, d'une transaction réalisée dans le cadre de l'économie du partage/à la demande. En prenant en compte les principales caractéristiques de l'économie du partage/à la demande qui sont pertinentes au regard de la TVA/TPS, l'encadré 1.2. illustre un scénario de base pour la chaîne d'approvisionnement de l'économie du partage et des interactions potentielles entre les principaux acteurs de l'économie du partage/à la demande laissant une place à d'autres considérations aux fins de la TVA/TPS.

Encadré 1.2. Scénario de base pour la chaîne d'approvisionnement de l'économie du partage et à la demande - types d'interactions entre les principaux acteurs de l'économie du partage/à la demande pouvant être pertinentes au regard de la TVA/TPS

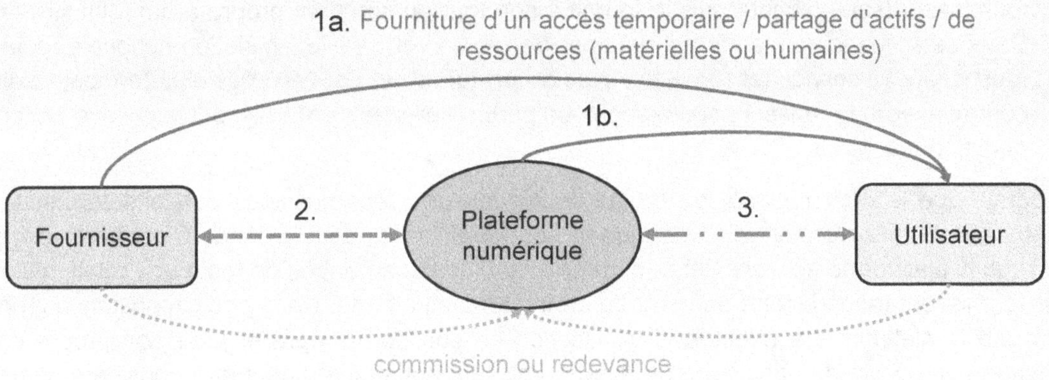

Interactions possibles entre les parties :

1a. Le fournisseur donne un accès temporaire à l'utilisateur / autorise le partage d'actifs / de ressources (matérielles ou humaines)

1b. La plateforme numérique donne un accès temporaire à l'utilisateur / autorise le partage d'actifs / de ressources (matérielles ou humaines)

2. Interaction entre le fournisseur et la plateforme numérique
3. Interaction entre la plateforme numérique et l'utilisateur

Note : La numérotation des opérations dans le graphique ne servent qu'à identifier les séquences du processus sans indiquer nécessairement leur enchaînement dans l'ordre chronologique.
Source : Analyse de l'OCDE.

Bien que les plateformes d'économie du partage/à la demande exercent leur activité dans un grand nombre de secteurs différents, et que les modèles d'activité soient également très divers, une transaction fait généralement intervenir les catégories suivantes d'acteurs/de participants, lesquels ne se situent pas nécessairement dans la même juridiction :

- le fournisseur[1] (souvent un particulier) qui partage des actifs, des ressources, du temps et/ou des compétences en échange d'une contrepartie/d'un paiement (sous forme monétaire) ;
- l'utilisateur de ces actifs, de ces ressources, de ce temps et/ou de ces compétences. Souvent, l'utilisateur est un particulier même s'il ne faut pas exclure la possibilité qu'il s'agisse d'une entreprise, en particulier dans certains secteurs (notamment celui de l'hébergement et/ou des services à la demande).
- une plateforme de l'économie du partage/à la demande (plateforme numérique de l'économie du partage) qui rend accessibles une technologie de pointe et des outils inspirant la confiance et qui permet à des fournisseurs d'être connectés à d'autres utilisateurs pour réaliser, directement ou indirectement, des transactions avec ces utilisateurs. Divers termes peuvent être utilisés au niveau national pour désigner ces acteurs : « plateformes », « place de marché (virtuelles) », interfaces électroniques ou « intermédiaires ».

En ce qui concerne le rôle de la plateforme numérique au sein de la chaîne d'approvisionnement, on peut distinguer deux grands scénarios principaux :

- Dans le scénario 1 (représenté par la flèche 1a sur le diagramme), la plateforme d'économie du partage/à la demande met directement en relation le(s) fournisseur(s) et le(s) utilisateur(s) pour la réalisation d'une transaction relevant de l'économie du partage/à la demande. En contrepartie, la plateforme numérique peut percevoir une rémunération/une redevance soit du fournisseur, soit de l'utilisateur, soit des deux (elle joue un **rôle « d'agent »**).

- Dans le scénario 2 (représenté par la flèche 1a sur le diagramme), la plateforme acquiert d'abord l'objet de la transaction relevant de l'économie du partage/à la demande auprès du fournisseur (sous-jacent), puis le fournit à son tour en son nom propre à(aux) (l')utilisateur(s). Dans ce scénario, la plateforme est considérée, en vertu de la législation nationale, comme le fournisseur du service (elle joue le « **rôle de principal** »). Souvent, ces plateformes passent un contrat avec le fournisseur sous-jacent, un particulier, et elles fournissent le service en tant que partie contractante.

Il est admis que le droit national du travail peut avoir des répercussions sur la détermination du rôle/statut exact de la plateforme numérique et des fournisseurs sous-jacents. C'est particulièrement vrai lorsque la plateforme est considérée comme ayant juridiquement ou de facto une relation d'emploi avec le fournisseur (sous-jacent) en vertu du droit du travail interne. Dans ces circonstances, on peut estimer que la plateforme a effectué la transaction en son nom propre et pour son propre compte (qu'elle a agi en qualité de principal) et que le fournisseur sous-jacent peut être considéré comme un employé.

D'autres acteurs peuvent également intervenir dans la chaîne d'approvisionnement dans le cadre d'activités relevant de l'économie du partage/à la demande, en étant directement ou indirectement en relation avec la plateforme numérique et/ou le fournisseur et/ou l'utilisateur. Par exemple dans le cadre d'activités de livraison de nourriture (repas), différents fournisseurs peuvent participer à la préparation des repas, puis à la livraison de ces repas aux clients. Dans le secteur du logement, un agent peut interagir directement avec une plateforme pour ce qui est de l'établissement de la liste des appartements, lesquels peuvent appartenir à différents propriétaires qui ne sont pas nécessairement connus de la plateforme.

[1]Bien que l'économie du partage/à la demande puisse recouvrir des transactions entre des (de grandes) entreprises, l'analyse porte plus particulièrement sur l'intervention de particuliers car c'est cette participation qui peut soulever des questions relatives au traitement de ces transactions au regard de la TVA/TPS.
Source : Analyse de l'OCDE.

1.3.3. Typologie sectorielle établie en fonction des caractéristiques opérationnelles pertinentes au regard de la TVA/TPS

Les activités relevant de l'économie du partage/à la demande sont diverses et en constante évolution. Les incidences de ces activités sur la politique et l'administration de la TVA/TPS peuvent être tout aussi diverses et les réponses des administrations fiscales pourraient devoir être adaptées en fonction des caractéristiques propres à ces activités. Au stade de la structuration du processus d'analyse et de conception des politiques, il peut être judicieux pour les autorités fiscales de classer en catégories les principaux opérateurs et/ou secteurs de l'économie du partage/à la demande en fonction d'une série de caractéristiques essentielles de leur mode de fonctionnement susceptibles d'être pertinentes au regard de la TVA/TPS. Le graphique 1.3. ci-après présente une typologie sectorielle reposant sur l'intensité en capital et/ou en main-d'œuvre des activités de l'économie du partage/à la demande et sur le mode de fourniture des services (numérique ou physique). Comme il en sera question plus loin dans ce Rapport, ces caractéristiques sont logiquement pertinentes aux fins de la TVA/TPS ; en effet, les activités de livraison par voie numérique ont peut-être plus de chances de présenter une dimension transnationale tandis que les activités à forte intensité de capital ont tendance à donner lieu à des transactions de valeur plus élevée et implique des acteurs qui sont vraisemblablement davantage en mesure de se conformer à leurs obligations fiscales/réglementaires.

Graphique 1.3. Une typologie sectorielle

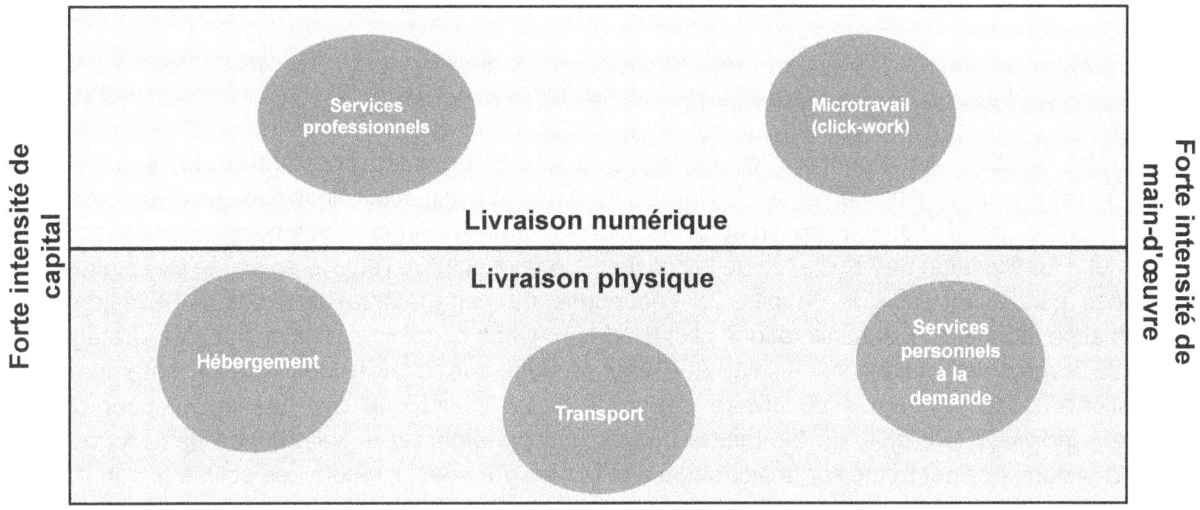

Source : OCED (2019), An Introduction to Online Platforms and their Role in the Digital Transformation (en anglais seulement) (OECD, 2019[8])

1.3.4. Perspectives générales en matière de TVA/TPS

L'essor de l'économie du partage/à la demande peut créer des possibilités de faciliter et de renforcer l'administration et le respect des règles de TVA/TPS et offrir des perspectives d'élargissement de l'assiette de la TVA/TPS. Ces possibilités et ces perspectives sont liées en particulier au rôle central joué par un nombre relativement restreint de plateformes de l'économie du partage/à la demande qui contribuent à faciliter et dynamiser ces activités en s'appuyant sur les technologies de pointe et l'analyse des données. Le rôle déterminant des mégadonnées et de l'amélioration de l'analyse des données dans les modèles d'activité de l'économie du partage/à la demande sont extrêmement prometteuses sur le plan de l'amélioration de la visibilité et de la traçabilité de l'activité économique, de la formalisation d'activités économiques auparavant informelles ainsi que de l'efficience de la collecte de la taxe de la discipline fiscale.

Incidence potentielle positive sur la base d'imposition à la TVA/TPS

L'économie du partage/à la demande est un moyen pour un nombre potentiellement considérable de particuliers, n'ayant souvent pas les moyens d'investir ou ne pouvant investir que très peu, d'utiliser leur travail et/ou leurs actifs en vue de dégager un gain financier. Elle offre donc aux juridictions des possibilités d'élargissement de la base d'imposition résultant d'une expansion de l'activité économique qui vont au-delà de la simple substitution d'un nouveau type d'activité à un ancien type d'activité dans la mesure où elle ouvre de nouveaux marchés et/ou fait entrer de nouveaux acteurs sur la scène économique. La réalité est pourtant plus complexe. Selon la manière dont le système de TVA/TPS d'une juridiction est conçu, l'essor de l'économie du partage/à la demande peut représenter aussi bien une perspective de croissance qu'une menace d'effritement de la base d'imposition à la TVA/TPS (voir ci-après la section intitulée Difficultés/risques à craindre de façon générale au regard de la TVA/TPS).

Elle ouvre en outre de vastes possibilités de formaliser des activités qui jusque-là se situaient en dehors du champ de la TVA/TPS. Deux des principaux moteurs de l'économie du partage/à la demande sont l'essor rapide de la connectivité numérique qu'autorisent les appareils mobiles et la forte progression des solutions de paiement mobile sécurisé. De façon plus générale, l'économie du partage/à la demande repose essentiellement sur les données et la technologie. À mesure qu'elle va continuer de se développer et de s'étendre à des pans et des segments de plus en plus larges de l'activité économique, il est probable que ces principales caractéristiques vont favoriser l'ouverture de perspectives sans précédent de réduction de l'économie informelle, qui repose sur les transactions en espèces, et entraîner une expansion considérable du secteur formel, surtout dans les pays en développement.

Perspectives d'accroissement de l'efficience tant pour les administrations fiscales que pour les fournisseurs relavant de l'économie du partage/à la demande

Les modèles d'activité de l'économie du partage/à la demande et les plateformes de l'économie du partage/à la demande vont probablement ouvrir des horizons aux administrations fiscales et leur permettre d'accroître l'efficience de l'administration et de la collecte de la taxe. Au-delà des possibilités de recueil de données et d'amélioration de l'efficience de la collcte de la taxe qu'offre l'entrée en scène des plateformes (examinées plus avant dans le chapitre 3), l'économie du partage/à la demande peut, selon toute vraisemblance, donner aux administrations fiscales des moyens d'améliorer l'efficience des stratégies de gestion du respect des obligations fiscales et d'audit fondées sur l'analyse des risques, notamment par des vérifications des systèmes au niveau des plateformes plutôt que par des audits pour chaque fournisseur individuel. De plus, du fait même que le fonctionnement des plateformes de l'économie du partage/à la demande est fondé sur la technologie et sur les données, il recèle des solutions pour faciliter sensiblement le respect des règles applicables en matière de TVA/TPS par les fournisseurs de l'économie du partage/à la demande et réduire les coûts de la discipline fiscale qui pèsent sur ces derniers (comme indiqué au chapitre 3). De fait, les plateformes de l'économie du partage/à la demande œuvrent déjà dans un grand nombre de pays, en étroite collaboration avec les administrations fiscales, à l'exploitation des possibilités qui se font jour (partage de données/renseignements aux fins d'aider les fournisseurs à respecter leurs obligations en matière de TVA/TPS).

1.3.5. Difficultés/risques à craindre de façon générale au regard de la TVA/TPS

Cette section du Rapport porte sur un certain nombre de défis, au regard de la TVA/TPS, posés ou amplifiés par l'expansion de l'économie du partage/à la demande. Ces difficultés et risques peuvent notamment recouvrir l'érosion éventuelle de l'assiette de la TVA/TPS résultant d'un redéploiement de l'activité économique au détriment d'un nombre relativement faible d'entreprises traditionnelles, établies de longue date et se conformant dans une large mesure à leurs obligations fiscales, au profit d'un grand nombre de nouveaux acteurs économiques de taille relativement petite (y compris de travailleurs atypiques) qui sont souvent moins respectueux de leurs obligations fiscales et/ou ne sont pas assujettis à l'impôt car le volume de leur activité demeure inférieur au seuil d'exonération de la TVA/TPS. Par ailleurs, la diversité et l'évolution constante des modèles d'activité et des types d'interactions entre les acteurs de l'économie du partage/à la demande rendent souvent particulièrement délicate la tâche consistant à déterminer la nature et le statut de ces acteurs et de leurs activités au regard de la TVA/TPS, et à définir le traitement qu'il convient de leur appliquer en matière de TVA/TPS, puis à leur appliquer concrètement.

L'essor de l'économie du partage/à la demande, menace (potentielle) d'effritement de la base d'imposition à la TVA/TPS

Selon la manière dont le système de TVA/TPS d'une juridiction est conçu, l'essor de l'économie du partage/à la demande peut représenter aussi bien une perspective de croissance (comme il en a été question précédemment) qu'une menace d'effritement de la base d'imposition à la TVA/TPS. Si la TVA/TPS est une taxe sur la consommation à large assiette frappant la plupart des biens et services, de nombreuses juridictions ont cependant choisi d'exempter les personnes physiques et les microentreprises de l'obligation de s'inscrire et/ou d'établir une déclaration aux fins de la TVA/TPS, et de facturer la TVA/TPS lorsque le volume de leurs activités demeure inférieur à un seuil minimum déterminé. Le seuil d'exonération diffère d'un pays à l'autre et peut aussi différer d'un secteur à l'autre à l'intérieur d'une même juridiction, notamment pour minimiser les risques de distorsion de la concurrence. Dans ces juridictions, selon le type d'activité, il est probable qu'un grand nombre de fournisseurs de l'économie du partage/à la demande vont rester en dessous du seuil d'exonération, et être ainsi dispensés de s'enregistrer à la TVA/TPS et/ou de facturer la TVA/TPS, de sorte qu'ils n'apportent pas directement leur contribution aux recettes de TVA/TPS de la juridiction concernée.

Cette situation peut avoir des effets négatifs sur les recettes de TVA/TPS de la juridiction en question lorsque les activités exercées par les acteurs économiques traditionnels, qui sont inscrits aux fins de la TVA/TPS et acquittent leur part des recettes de TVA/TPS, sont remplacés par une multitude d'acteurs de l'économie du partage/à la demande n'atteignant pas le seuil d'enregistrement à la TVA/TPS et n'apportant donc pas leur contribution aux recettes de la TVA/TPS. Il peut en résulter un risque d'érosion de la base d'imposition à la TVA/TPS, plus ou moins élevé selon le tissu économique du pays et les activités concernées. Dans le secteur de l'hébergement par exemple, l'économie du partage/à la demande peut faire reculer le nombre de réservations dans les hôtels traditionnels au profit de réservations auprès de fournisseurs qui ne sont pas inscrits à la TVA/TPS, et entraîner ainsi une baisse des recettes de TVA/TPS collectées par le secteur hôtelier. Cette tendance risque de plus en plus de poser de graves problèmes, en particulier dans les juridictions où le secteur touristique pèse lourd. De même, dans le secteur des transports, l'économie du partage/à la demande peut porter préjudice aux taxis traditionnels et amputer les recettes de TVA/TPS collectées dans ce secteur du fait que les chauffeurs trouvent parfois plus facile et plus simple de basculer vers des activités relevant de l'économie du partage/à la demande, notamment lorsque celles-ci sont moins réglementées que les activités traditionnelles.

Il n'est pas toujours évident de déterminer le statut, au regard de la TVA/TPS, et le rôle des fournisseurs de l'économie du partage/à la demande

La détermination du statut, au regard de la TVA/TPS, des fournisseurs/utilisateurs est importante pour définir non seulement les obligations éventuelles à respecter au regard de la TVA/TPS, mais aussi les droits associés dont peuvent se prévaloir les acteurs économiques, notamment les droits à déduction/récupération de la TVA/TPS acquittée en amont.

Bien qu'il soit généralement admis que c'est en vertu de la législation nationale relative à la TVA/TPS qu'il y a lieu de déterminer si les fournisseurs réalisant des transactions qui relèvent de l'économie du partage/à la demande doivent être considérés comme des personnes assujetties à la TVA/TPS, les données d'observation donnent à penser qu'il devient de plus en plus difficile de tracer la frontière entre les particuliers et les entreprises imposables, aux fins de la TVA/TPS, parmi les acteurs de l'économie du partage/à la demande. La distinction est même encore plus délicate dans un certain nombre de cas dans lesquels des particuliers ne font parfois pas (seulement) usage d'actifs/de ressources inutilisées pour développer une activité relevant de l'économie du partage/à la demande, mais acquièrent des actifs dans le seul but de les utiliser pour exercer une nouvelle activité économique (conducteurs achetant des véhicules automobiles pour proposer des services de VTC, propriétaires achetant des appartements uniquement à des fins locatives, etc.). Les difficultés et risques que cela implique sur le plan du respect des obligations et de l'administration de l'impôt sont étudiés plus en détail dans les paragraphes qui suivent.

Il semble, d'après les données disponibles, que de nombreux fournisseurs impliqués dans l'économie du partage/à la demande sont probablement inconnus des services fiscaux en charge de la TVA/TPS et qu'ils ignorent également leurs obligations en la matière, ou du moins ignorent les mesures de simplification dont ils pourraient bénéficier pour pouvoir s'y plier plus facilement. Cette méconnaissance, de la part des fournisseurs, des obligations qui leur incombent au regard de la TVA/TPS ainsi que leur faible capacité, et/ou les facteurs limitant leur capacité, de s'y conformer peuvent donc faire naître des risques de non-respect de ces obligations. L'analyse des risques conduite sur la base des données communiquées par les plateformes de l'économie du partage/à la demande ont confirmé l'existence de ces risques dans certaines juridictions. Ceux-ci sont sans doute variables d'une juridiction et d'un secteur à l'autre, en fonction de divers paramètres parmi lesquels le cadre régissant la TVA/TPS (niveau des seuils notamment), la complexité du régime de la TVA/TPS, la qualité des services aux contribuables, la culture du respect des obligations, le(s) principal(aux) secteur(s) dans le(s)quel(s) se développe l'économie du partage/à la demande et le profil des fournisseurs.

L'importance de la détermination du statut, au regard de la TVA/TPS, des fournisseurs sous-jacents dans le cas des plateformes d'économie du partage/à la demande est également liée au fait que ce statut peut avoir une influence sur leurs obligations en matière de TVA/TPS, notamment en ce qui concerne le traitement, au regard de la TVA/TPS, des redevances et commissions (singulièrement dans le contexte d'activités transnationales) ainsi que les obligations déclaratives (facturation, etc.). Si par exemple la transaction entre la plateforme et le fournisseur sous-jacent de l'économie du partage/à la demande est considérée comme une transaction entre entreprises (B2B), un grand nombre de juridictions imposent la collecte de la TVA/TPS sur les commissions/redevances facturées par la plateforme au fournisseur par un mécanisme d'autoliquidation, lorsque la plateforme n'est pas située dans la juridiction ayant la compétence fiscale. Si la transaction est considérée comme une transaction entre une entreprise et un consommateur (B2C), la plateforme peut être tenue de s'enregistrer à la TVA/TPS dans la juridiction ayant la compétence fiscale (via un système d'enregistrement des vendeurs). Pour surmonter cette difficulté, certaines plateformes mettent en place une page internet afin de permettre aux utilisateurs de communiquer les informations relatives à leur statut fiscal. Néanmoins, les plateformes rencontrent souvent des difficultés lorsqu'il s'agit de vérifier les données sur l'enregistrement à la TVA/TPS des fournisseurs, notamment en l'absence de mécanisme fiable de vérification de ces informations en temps réel, géré par les administrations fiscales.

Lorsque des seuils d'enregistrement ou d'assujettissement à la TVA/TPS s'appliquent, les plateformes sont parfois confrontées à des difficultés supplémentaires lorsqu'il s'agit de déterminer si un fournisseur sous-jacent donné dépasse, ou non, le seuil. Le fait que les fournisseurs exercent en parallèle de multiples activités relevant de l'économie du partage/à la demande via de multiples plateformes et/ou qu'un agent (agence locale de réservation par exemple) opère sur une plateforme pour le compte de multiples particuliers sans que les informations relatives à ces fournisseurs soient connues de la plateforme, ou visibles pour elle, pose également des problèmes particuliers.

Traitement, au regard de la TVA/TPS, des activités relevant de l'économie du partage/à la demande

Comme illustré dans l'encadré 1.2. précédent (section 1.3.1), pour déterminer le traitement applicable aux activités relevant de l'économie du partage/à la demande au regard de la TVA/TPS, il faut déterminer comment qualifier deux principaux groupes d'interactions :

- les interactions entre la plateforme d'économie du partage/à la demande et ses utilisateurs (fournisseurs/utilisateurs des activités sous-jacentes) ; et
- les interactions entre la plateforme d'économie du partage/à la demande et les utilisateurs de ces activités.

Aux fins de la détermination du traitement applicable aux activités relevant de l'économie du partage/à la demande au regard de la TVA/TPS, il est important de définir le rôle et le statut des acteurs impliqués dans la chaîne d'approvisionnement de l'économie du partage/à la demande (plateformes, fournisseurs et utilisateurs, autres tierces parties, dont les prestataires de services de paiement) ainsi que le type de transactions réalisées. Tous ces aspects ont une incidence sur le traitement global des transactions aux fins de la TVA/TPS, y compris sur la détermination du lieu d'imposition, notamment pour les transactions transfrontières le cas échéant (cf. chapitre 3 des *Principes directeurs internationaux pour la TVA/TPS* (OCDE, 2017[2])).

Or tout ne va pas toujours de soi en l'espèce (il ne suffit pas, en effet, de se référer simplement au traitement d'activités économiques traditionnelles similaires au regard de la TVA/TPS). Les modèles d'activité et types d'interaction(s), à la fois divers et en constante évolution, entre les acteurs de l'économie du partage/à la demande (en particulier, les fournisseurs et les plateformes numériques) pourraient avoir une influence sur la nature de ces activités et/ou des transactions, et partant, sur le traitement à leur appliquer au regard de la TVA/TPS.

Dans ce contexte, il est absolument primordial de déterminer si la plateforme agit comme un prestataire « principal »ou comme un « agent » dans la chaîne d'approvisionnement de l'économie du partage/à la demande, comme décrit et illustré dans l'encadré 1.2. de la section 1.3.1. ci-avant. Ce critère aura en effet une incidence sur le traitement, au regard de la TVA/TPS, des transactions concernées, et sur les obligations de conformité connexes incombant aux divers acteurs. Les situations suivantes pourraient se présenter (elles sont citées à titre d'illustration et la liste qui suit n'est pas exhaustive) :

- lorsqu'une plateforme est réputée se comporter comme principal, elle est généralement considérée comme le fournisseur des transactions sous-jacentes de l'économie du partage/à la demande aux clients finaux aux fins de la TVA/TPS (notamment dans le cas de services de transport). C'est alors à elle de s'acquitter des obligations qui en découlent au regard de la TVA/TPS. Cette situation peut notamment se produire lorsque la plateforme agit en son nom propre auprès des clients (ce qui arrive par exemple de plus en plus fréquemment dans le cas de services de livraison de repas). Il en ira de même, en principe, lorsque le modèle d'organisation du travail sous-tendant la relation entre une plateforme et ses utilisateurs a été mis en cause par les autorités qui ont considéré qu'elle constitue de facto une relation employeur/employé. Lorsque la plateforme est réputée se comporter comme principal, il est possible de la considérer comme ayant reçu le bien ou ayant bénéficié de la prestation du fournisseur de l'économie du partage/à la demande avant de la fournir à son tour au client final. Le traitement d'une telle transaction, au regard de la TVA/TPS, sera notamment fonction du statut du fournisseur sous-jacent (et notamment de la réponse à la question de savoir s'il agit en tant qu'entrepreneur indépendant et si le volume de ses activités est supérieur au seuil d'exonération de la TVA/TPS éventuellement applicable dans la juridiction concernée).
- lorsque la plateforme est réputée agir en tant qu'agent, on peut considérer qu'elle fournit des services numériques/électroniques à des fournisseurs/utilisateurs qui permettent à ces derniers de fournir à leur tour des prestations relevant de l'économie à la demande/du partage à des consommateurs finaux. Les redevances/commissions facturées par la plateforme aux fournisseurs/utilisateurs sous-jacents sont dès lors traités en conséquences aux fins de la TVA/TPS dans les juridictions où des règles spécifiques sont appliquées aux services numériques/électroniques ;
- ou bien, les services fournis par la plateforme à ses utilisateurs peuvent être considérés comme des « services d'intermédiation », consistant à mettre en relation des fournisseurs de l'économie du partage/à la demande avec leurs clients et à faciliter leurs interactions ;

ou bien encore,

- ces services peuvent, dans certains cas, entraîner l'application d'un traitement identique, au regard de la TVA/TPS, à celui appliqué à des services relevant de l'économie du partage/à la demande rendus par le fournisseur sous-jacent aux clients (notamment des services de location de biens immobiliers).

La qualification différente de ces services selon les juridictions pourrait avoir un impact direct sur le traitement à leur appliquer au regard de la TVA/TPS, et finalement, aboutir à des situations de double imposition ou de non-imposition.

D'autres (tierces) parties peuvent également intervenir dans la chaîne d'approvisionnement dans le cadre d'activités relevant de l'économie du partage/à la demande, en étant directement ou indirectement en relation avec la plateforme numérique et/ou le fournisseur et/ou le client final (utilisateur final), ce qui peut compliquer encore la détermination du traitement à appliquer et des obligations à respecter au regard de la TVA/TPS.

Y compris à l'intérieur d'un même secteur de l'économie du partage/à la demande, le traitement d'une transaction, au regard de la TVA/TPS, peut différer selon le modèle d'activité. C'est le cas par exemple des services de VTC fournis contre rémunération et d'autopartage/de covoiturage donnant lieu à un accord de partage des coûts, pour lesquels la détermination de la rémunération de l'activité relevant de l'économie du partage/à la demande dans un contexte de partage des coûts (notamment lorsque les passagers versent au conducteur une participation aux coûts estimés du voyage) peut avoir des conséquences différentes au regard de la TVA/TPS. De même, une compensation en nature (par exemple dans le cas d'un échange de logements dans le secteur de l'hébergement) peut poser des problèmes, notamment lorsqu'il s'agit de déterminer la valeur imposable.

Enfin, parce que les plateformes élargissent de plus en plus leur offre, laquelle peut recouvrir toutes sortes de services/transactions différents (location plus assurance par exemple) ainsi que des activités ne relevant pas de l'économie du partage/à la demande, soit en leur nom propre, soit via d'autres plateformes ou tierces parties, la détermination du statut, au regard de la TVA/TPS, de ces différents types de services (multiples ou complexes) soulèvent encore d'autres problématiques.

Difficultés/risques liés à la déduction de la TVA/TPS acquittée en amont

Les fournisseurs impliqués dans l'économie du partage/à la demande exploitent souvent des actifs qui sont pour partie aussi utilisés à des fins privées. C'est un point très important aux fins de la TVA/TPS étant donné que la déduction de la TVA/TPS acquittée en amont n'est en principe accordée que sur les intrants utilisés aux fins de l'entreprise et n'est pas autorisée sur les achats destinés à la consommation privée. Cette situation crée des risques évidents, pour les administrations fiscales, de déduction indue (remboursement indu) de la TVA/TPS acquittée en amont du fait qu'il est difficile de contrôler auprès d'un grand nombre de personnes si la déduction opérée est correcte. Elle peut aussi poser des problèmes pour les fournisseurs éligibles car il peut se révéler difficile de déterminer le montant réel de la TVA/TPS déductible.

Administration de l'impôt et problèmes de vérification

Du fait de l'expansion rapide de l'économie du partage/à la demande et de l'augmentation également soutenue du nombre de travailleurs et de fournisseurs de services et d'actifs relevant de l'économie du partage/à la demande, les administrations fiscales vont peut-être, avec le temps, se trouver confrontées au défi que représente pour elles l'arrivée d'une multitude de nouveaux contribuables potentiels réalisant un chiffre d'affaires relativement faible, très peu familiarisés avec le régime de la TVA/TPS et autres obligations réglementaires, et peu désireux de s'y conformer. Ces acteurs ne sont pas toujours visibles par les administrations fiscales et de fait, il arrive même qu'ils ne se situent pas dans la juridiction ayant la compétence fiscale.

Cela étant, il est probable que les administrations fiscales vont devoir relever le défi complexe que représente la recherche d'un équilibre entre la nécessité de protéger les recettes et celle de minimiser les distorsions de la concurrence, ce qui peut les amener à envisager de faire entrer un grand nombre de travailleurs de l'économie du partage/à la demande dans le système de la TVA/TPS, et exigera une conception et une administration efficientes de l'impôt pouvant inviter à limiter le nombre de « nouvelles » inscriptions à la TVA/TPS d'acteurs de l'économie du partage/à la demande, notamment grâce à l'instauration d'un seuil d'enregistrement. Cette situation risque aussi d'inciter vivement les administrations fiscales à étudier d'autres stratégies et d'autres mécanismes novateurs de recueil de données utiles à des fins d'imposition et de collecte de la TVA/TPS, notamment en vue d'associer les plateformes de l'économie du partage/à la demande au processus de conformité au régime de la TVA/TPS au titre des transactions qu'elles facilitent.

Incidence sur les acteurs respectueux des règles relevant de l'économie traditionnelle

L'incertitude qui entoure le traitement, au regard de la TVA/TPS, des acteurs et des activités relevant de l'économie du partage/à la demande peut avoir (et risque fort d'avoir) des effets négatifs sur la culture du respect des obligations qui prévaut dans une juridiction et créer des distorsions de la concurrence au détriment d'acteurs relevant de l'économie traditionnelle qui respectent les règles, notamment lorsque les acteurs de l'économie du partage/à la demande ont la possibilité de bénéficier d'un avantage, en termes de prix, résultant de facto d'un traitement préférentiel au regard de la TVA/TPS.

1.4. En résumé…

Ce chapitre a montré que l'expansion de l'économie du partage/à la demande peut être porteuse de défis et de perspectives sur le plan de la politique et de l'administration de la TVA/TPS. Elle peut amplifier les tensions et élargir les perspectives existantes et/ou en créer d'autres. Ces tensions et ces perspectives différeront certainement d'une juridiction à l'autre, en fonction de multiples facteurs, au nombre desquels la taille et la croissance de l'économie du partage/à la demande au niveau national, le fonctionnement global du régime de TVA/TPS de la juridiction, les capacités de l'administration fiscale et la culture du respect des règles de chaque juridiction. Le chapitre 2 du Rapport porte sur les étapes possibles de l'élaboration, par les administrations fiscales, d'une stratégie face à l'impact de l'économie du partage/à la demande sur la politique et l'administration de la TVA/TPS. Les chapitres 3 et 4 proposent une réflexion technique détaillée sur les diverses solutions en matière de TVA/TPS s'offrant aux autorités fiscales pour faire face à l'essor de l'économie du partage/à la demande sur leur territoire.

Références

Constantiou, I. (2017), « Four Models of Sharing Economy Platforms », *MIS Quarterly Executive*, vol. 16/4, https://aisel.aisnet.org/misqe/vol16/iss4/3 (consulté le 25 février 2021). [7]

Mastercard and Kaiser Associates (2019), *The Global Gig Economy: Capitalizing on a ~$500B Opportunity*, Mastercard and Kaiser Associates, https://newsroom.mastercard.com/wp-content/uploads/2019/05/Gig-Economy-White-Paper-May-2019.pdf (consulté le 25 février 2021). [5]

Nielsen (2014), *Is Sharing the New Buying?*, Nielsen, https://www.nielsen.com/wp-content/uploads/sites/3/2019/04/global-share-community-report-may-2014.pdf (consulté le 25 février 2021). [6]

OCDE (2020), *Règles types de déclaration à l'intention des vendeurs relevant de l'économie du partage et de l'économie à la demande*, https://www.oecd.org/fr/fiscalite/echange-de-renseignements-fiscaux/regles-types-declaration-intention-des-vendeurs-relevant-economie-du-partage-et-economie-a-la-demande.pdf (consulté le 4 avril 2021). [3]

OCDE (2019), *Le rôle des plateformes numériques dans la collecte de la TVA/TPS sur les ventes en ligne*, Éditions OCDE, Paris, https://dx.doi.org/10.1787/0aef4c54-fr. [1]

OCDE (2018), *Les défis fiscaux soulevés par la numérisation de l'économie – rapport intérimaire 2018: Cadre inclusif sur le BEPS*, Projet OCDE/G20 sur l'érosion de la base d'imposition et le transfert de bénéfices, Éditions OCDE, Paris, https://dx.doi.org/10.1787/9789264301627-fr. [4]

OCDE (2017), *Principes directeurs internationaux pour la TVA/TPS*, Éditions OCDE, Paris, https://dx.doi.org/10.1787/9789264272958-fr. [2]

OECD (2019), *An Introduction to Online Platforms and Their Role in the Digital Transformation*, OECD Publishing, Paris, https://dx.doi.org/10.1787/53e5f593-en. [8]

Notes

[1] Les zones géographiques étudiées dans ce rapport sont l'Australie, le Brésil, les Émirats arabes unis, les États-Unis, la France, l'Inde, l'Indonésie et le Royaume-Uni. Aux fins du présent rapport, l'économie à la demande englobe quatre secteurs : partage d'actifs (y compris l'hébergement), services de transport, services professionnels et produits artisanaux, services personnels ou domestiques.

[2] Les activités relevant de l'économie du partage/à la demande peuvent aussi recouvrir des transactions entre de grandes entreprises réalisées aux fins d'exploiter des capacités (sous-)utilisées et de générer des gains d'efficience substantiels sur divers facteurs de production, principalement le capital réel. Cependant, l'analyse est essentiellement axée sur la participation des particuliers aux transactions relevant de l'économie du partage/à la demande car c'est cette participation qui peut soulever des questions relatives au traitement de ces transactions au regard de la TVA/TPS.

2 Prise en compte des incidences sur la TVA/TPS de l'essor de l'économie du partage/à la demande : étapes envisageables pour l'évaluation des besoins et l'action des pouvoirs publics

Ce chapitre passe en revue les étapes que les administrations fiscales peuvent suivre lorsqu'elles réfléchissent aux réponses à apporter, en matière de TVA/TPS au sein de leur juridiction, à la croissance de l'économie du partage/à la demande. Ces étapes sont les suivantes :

- S'assurer de bien cerner l'ampleur et le potentiel de croissance de l'économie du partage/à la demande au niveau national ;
- Évaluer, s'il y a lieu, la nécessité d'une intervention et établir ses principaux objectifs (le « pourquoi ») ;
- Déterminer et mettre en œuvre la ou les réponses à apporter en matière de politique et d'administration de la TVA/TPS (le « comment »).

Les stratégies adoptées par les différentes juridictions peuvent varier en fonction des faits et des circonstances du cas d'espèce. Elles peuvent en effet ne pas avoir besoin de suivre chacune de ces étapes ou ne pas souhaiter le faire, ou moduler leurs réponses au gré de leur contexte spécifique.

2.1. Introduction

Ce chapitre présente un cadre possible pour l'élaboration des stratégies des administrations fiscales en matière de TVA/TPS face à la croissance et au développement de l'économie du partage/à la demande. Il rappelle les différentes étapes que les autorités peuvent suivre pour mesurer le développement de l'économie du partage/à la demande et ses répercussions possibles sur la politique et l'administration de la TVA ; l'évaluation des besoins préalable aux décisions ; et le choix ainsi que le déploiement des mesures possibles en tenant compte des particularités et de la situation propres à chaque pays. Il renvoie aux chapitres du présent rapport qui contiennent des réflexions et orientations plus poussées sur chaque étape. Ce cadre s'articule autour des grandes étapes suivantes (voir graphique 2.1. ci-dessous) :

Graphique 2.1. Étapes possibles pour l'élaboration de politiques

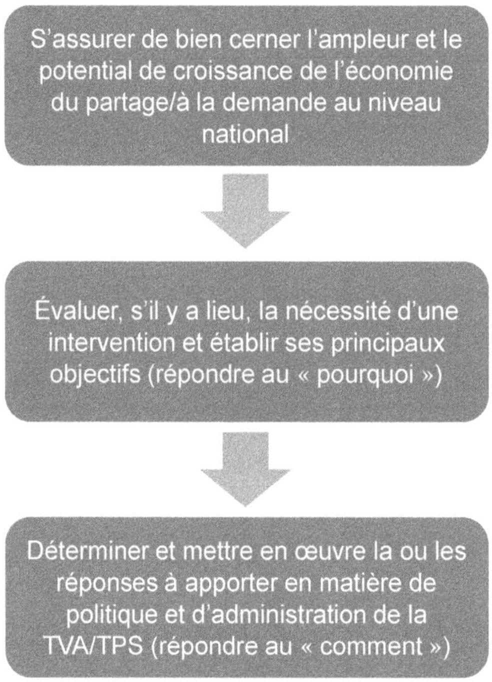

Source : Analyse de l'OCDE.

Les paragraphes ci-après détaillent ces grandes étapes, étant entendu que les administrations fiscales peuvent ne pas avoir besoin de toutes les suivre, puisque leurs réponses peuvent varier en fonction du contexte national et des objectifs poursuivis.

2.2. S'assurer de bien cerner l'ampleur et le potentiel de croissance de l'économie du partage/à la demande au niveau national

Pour appuyer leurs décisions sur des données concrètes, les juridictions qui envisagent d'adopter des mesures relatives à la TVA/TPS face à l'essor de l'économie du partage/à la demande devront probablement commencer par bien cerner, sur la base d'informations à jour, l'ampleur et le potentiel de croissance de cette économie au niveau national. Le chapitre 1 du présent rapport livre une analyse de l'économie du partage/à la demande, de ses principaux acteurs et secteurs, de leur potentiel de croissance et des modèles commerciaux qui les sous-tendent. L'objectif est d'aider les administrations fiscales à approfondir leur connaissance de l'économie du partage/à la demande au sein de leur juridiction et à mieux mesurer sa croissance.

Il n'est pas aisé de mesurer en détail l'économie du partage/à la demande, notamment à cause de la nature souvent informelle des activités de ses participants qui omettent de se déclarer à des fins fiscales ou ne le font que partiellement, mais aussi des difficultés liées à la classification de ces opérations. Les procédures comptables nationales reflètent généralement les conditions qui prévalaient avant l'émergence de l'économie du partage/à la demande, tout particulièrement pour ce qui est de la location et du travail informels. De façon analogue, bien que les enquêtes menées auprès des ménages permettent de mesurer le taux d'activité, les répondants, à moins que les questionnaires mentionnent le sujet explicitement, passent souvent leurs activités à la demande sous silence (IMF, 2018[1]) (OECD, 2019[2]).

De toute évidence, le suivi et la mesure de l'économie du partage/à la demande présentent un intérêt qui va au-delà des politiques menées dans le domaine de la TVA/TPS. Le présent rapport n'a certes pas pour objet d'aborder en détail cet aspect de l'action publique, mais il semblerait néanmoins judicieux, de manière générale, que les juridictions adoptent, en matière de suivi et de mesure de l'économie du partage/à la demande, une approche coordonnée et associant l'ensemble de l'administration afin d'appuyer l'élaboration et la mise en œuvre de politiques fondées sur les faits qui soient cohérentes, efficaces et ciblées.

À cet effet, les juridictions peuvent souhaiter créer un cadre pour la définition des activités relevant de l'économie du partage/à la demande et la collecte de données statistiques correspondantes. L'imposition d'obligations déclaratives aux acteurs impliqués dans la chaîne d'approvisionnement de l'économie du partage/à la demande, notamment aux plateformes numériques qui facilitent ces transactions (voir le chapitre 3 du présent rapport pour plus d'informations) pourrait permettre aux juridictions d'améliorer rapidement leur mesure de l'économie du partage/à la demande et donc de mieux cerner son ampleur et son potentiel de croissance au niveau national. Dans ce contexte, le rapport intitulé « Measuring platform mediated workers » (disponible en anglais seulement), publié en 2019 dans le cadre de la série de documents de travail sur l'économie numérique de la Direction de la science, de la technologie et de l'innovation (STI) de l'OCDE, présente un intérêt tout particulier (OECD, 2019[2]). Tout en reconnaissant qu'il est difficile d'estimer le nombre de travailleurs des plateformes, ce rapport passe en revue différentes tentatives faites en ce sens par des institutions privées et des organismes officiels de statistique, et formule des recommandations en vue d'améliorer ces mesures à l'avenir (notamment l'utilisation de différents types d'enquêtes et la formulation des questions afin d'obtenir les résultats recherchés).

2.3. Évaluer, s'il y a lieu, la nécessité d'une intervention et établir ses principaux objectifs (répondre au « pourquoi »)

S'il est probable que les principales raisons qui peuvent inciter les administrations à prendre des mesures dans le domaine de la TVA/TPS en réponse aux évolutions de l'économie du partage/à la demande diffèrent d'une juridiction à l'autre, elles se rattachent généralement à la mobilisation de recettes et à la gestion des risques de distorsion de la concurrence. Ces motivations peuvent avoir trait à l'ampleur et au potentiel de croissance de l'économie du partage/à la demande ou à des secteurs spécifiques de celle-ci au sein d'une juridiction donnée, aux pressions qu'elle exerce sur l'assiette et les recettes de la TVA/TPS ainsi qu'à la position concurrentielle des secteurs traditionnels économiquement équivalents.

Les pressions que fait peser sur la TVA/TPS l'essor de l'économie du partage/à la demande dépendent des secteurs économiques concernés et des spécificités du régime de TVA/TPS propre à chaque juridiction, par exemple l'existence de seuils d'enregistrement ou de collecte ainsi que leur niveau. L'essor de l'économie du partage/à la demande se traduit généralement par un surcroît d'activité de la part d'un nombre potentiellement élevé de nouveaux acteurs économiques et/ou de travailleurs atypiques qui peuvent être assujettis à la TVA/TPS en vertu des règles existantes. Au sein des juridictions dont le seuil d'enregistrement ou de collecte est relativement élevé et s'applique à l'ensemble de l'activité économique ou plus spécifiquement au secteur où l'économie du partage/à la demande est en plein essor, ce dynamisme entraînera probablement des pressions sur la TVA/TPS différentes de celles observées dans une juridiction dont le seuil est bas ou inexistant. Dans les juridictions dont le seuil est élevé, les recettes et les incidences sur la concurrence des nouveaux acteurs de l'économie du partage/à la demande (travailleurs à la demande occasionnels, par exemple) qui s'implantent dans un secteur donné du marché peuvent être limitées, puisque les acteurs économiques traditionnels en place se trouvent généralement, eux aussi, en deçà du seuil. En revanche, les recettes et les effets concurrentiels peuvent être considérables lorsque l'essor de l'économie du partage/à la demande conduit l'activité à évoluer d'un nombre relativement restreint de grands opérateurs traditionnels qui dépassent le seuil de la TVA/TPS à un nombre élevé de petits opérateurs de l'économie du partage/à la demande qui se trouvent généralement sous ce seuil en raison de son niveau relativement élevé (par exemple l'activité hôtelière par opposition à la location de logements de vacances de courte durée). Dans les juridictions où le seuil est bas ou inexistant, la croissance des secteurs de l'économie du partage/à la demande peut peser sur l'administration fiscale, puisque de nombreuses petites entreprises intègrent le système de la TVA/TPS en ayant peut-être une connaissance limitée de leurs obligations en la matière et une faible capacité à s'y conformer.

Cela étant, il est tout à fait possible que les juridictions n'aient pas pour principal objectif d'assujettir l'ensemble des activités relevant de l'économie du partage/à la demande aux règles de la TVA/TPS. Elles peuvent par exemple commencer par surveiller l'évolution de l'économie du partage/à la demande pour évaluer avec précision tout risque d'érosion de la base d'imposition à la TVA/TPS ou de distorsion de la concurrence afin d'être à même d'agir de façon rapide et ciblée lorsqu'elles jugeront utile de le faire. Le choix des mesures qui s'imposent face à l'essor de l'économie du partage/à la demande ainsi que leur conception dépendent largement des objectifs que poursuivent les administrations fiscales à travers leur action. Le chapitre 1 examine les principales pressions que l'économie du partage/à la demande est susceptible d'exercer sur la politique et l'administration de la TVA/TPS. En réponse à celles-ci, le graphique 2.2. ci-dessous récapitule les principales raisons qui peuvent conduire les administrations à prendre des mesures dans ce domaine.

Graphique 2.2. Les réponses aux incidences de l'économie du partage/à la demande sur la TVA/TPS -se traduisent souvent, en pratique, par la poursuite (d'un ensemble) de différents objectifs stratégiques

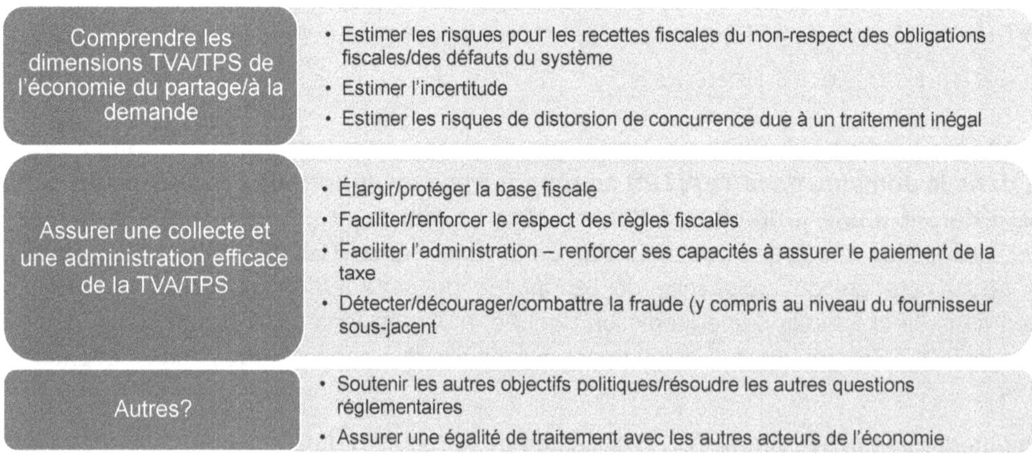

Source : Analyse de l'OCDE.

Vu la diversité et le caractère évolutif de l'économie du partage/à la demande, la nécessité, pour les juridictions, d'apporter une réponse à ce phénomène et les objectifs de cette dernière sont susceptibles de varier selon les secteurs actifs sur leur marché, leur taille et leur potentiel de croissance ainsi que leur incidence sur l'activité économique existante. En fonction des résultats de leur évaluation des évolutions de l'économie du partage/à la demande au sein de leur juridiction, les administrations fiscales peuvent opter pour une stratégie échelonnée dans le cadre de laquelle elles concentrent avant tout leur action sur les secteurs dominants, ceux qui peuvent faire peser les risques les plus immédiats sur les recettes de la TVA/TPS ou sur la neutralité concurrentielle (par exemple les services de VTC ou les locations de courte durée), tout en continuant de surveiller les autres secteurs (émergents) afin de pouvoir établir rapidement la nécessité d'autres mesures.

Il est essentiel, pour déterminer les mesures les plus appropriées et la forme à leur donner, de bien comprendre les objectifs de l'action menée dans le domaine de la TVA/TPS en réponse aux évolutions de l'économie du partage/à la demande. S'il s'agit simplement de surveiller les évolutions de cette économie, les mesures comprendront probablement l'imposition d'obligations de communication de données aux plateformes et à d'autres acteurs de l'économie du partage/à la demande. La forme que prendront ces obligations de communication peut toutefois varier selon qu'elles visent, par exemple, à appuyer la collecte de la TVA/TPS et le respect des règles dans ce domaine par le préremplissage des déclarations des travailleurs de l'économie à la demande, ou à repérer les infractions et à favoriser la discipline fiscale par le biais d'une analyse des risques.

2.4. Déterminer et mettre en œuvre la ou les réponses à apporter en matière de politique et d'administration de la TVA/TPS (répondre au « comment »)

Il n'existe pas de solution toute faite pour gérer les conséquences sur la TVA/TPS de la croissance de l'économie du partage/à la demande. La réponse de l'administration fiscale aux évolutions de l'économie du partage/à la demande au sein d'une juridiction donnée dépendra largement des différentes motivations qui sous-tendent son action, comme évoqué ci-dessus, cette dernière étant, à son tour, fonction des spécificités de ladite juridiction ainsi que de leur incidence sur les recettes de la TVA/TPS et l'activité économique traditionnelle.

On peut dès lors s'attendre à ce que la conception et la mise en œuvre des mesures soient à l'image des différences observées au regard du cadre politique et législatif, des problèmes spécifiques et des priorités de l'administration fiscale ainsi que de la diversité des modèles d'activité de l'économie du partage/à la demande. Il appartient à chaque juridiction de décider des mesures les plus adaptées à sa situation. Ce rapport a pour objectif d'aider les juridictions en livrant une analyse des principales options politiques et administratives qui s'offrent à elles et en recensant une série d'éléments dont elles peuvent vouloir tenir compte. Les options en question sont détaillées dans le chapitre 3 de ce rapport. Les autres paragraphes du présent chapitre 2 exposent un certain nombre d'aspects et de principes de conception globaux que les juridictions peuvent intégrer à leur processus de décision.

2.4.1. Est-il nécessaire de revoir les règles normales de TVA/TPS en réponse aux évolutions de l'économie du partage/à la demande ?

En principe, rien ne justifie vraiment, en matière de TVA/TPS, un traitement différencié des activités relevant de l'économie du partage/à la demande par rapport à des activités similaires ou identiques de l'économie traditionnelle ou des plateformes au sens large au seul motif qu'elles s'organisent par le biais d'un circuit (numérique) différent. Cette observation se fonde non seulement sur des principes de neutralité concurrentielle, mais aussi sur les conclusions du présent rapport, qui indiquent que les activités et les secteurs relevant de l'économie du partage/à la demande d'une part, et ceux de l'économie traditionnelle et numérique d'autre part, se rapprochent de plus en plus (les acteurs traditionnels ou les places de marché électronique créent par exemple leurs propres plateformes d'économie du partage/à la demande ou s'intègrent à des structures existantes). Dans ce contexte, une réponse instaurant des mesures spécifiques qui s'écartent des règles normales de TVA/TPS peut ne pas s'avérer la plus appropriée, car elle risque d'entraîner un excès de complexité et d'exiger une actualisation permanente. En revanche, pour ramener l'économie du partage/à la demande dans le giron des règles normales de TVA/TPS, il peut être nécessaire de les adapter pour surmonter les difficultés spécifiques que les particularités de cette économie peuvent poser en termes de politique et d'administration de la TVA/TPS.

Le choix, pour une juridiction, de mettre en place des changements d'envergure ou des mesures plus ciblées dépend notamment de son système de TVA/TPS et des pressions exercées sur celui-ci par la croissance de l'économie du partage/à la demande. Dans les juridictions dont le seuil d'enregistrement est bas ou inexistant, par exemple, la croissance de l'économie du partage/à la demande peut être une contrainte en ce sens qu'elle nécessite de gérer quantité de nouveaux acteurs intégrant le système de TVA/TPS avec une connaissance parfois limitée de leurs obligations en la matière et une faible capacité à s'y conformer. Ce phénomène peut conduire les juridictions à revoir leur politique en matière de seuils ou à envisager d'autres approches favorisant le respect des règles et la collecte de la TVA/TPS, par exemple l'implication des plateformes numériques, les régimes forfaitaires, etc.

Dans ce contexte, le point de départ naturel, pour les juridictions qui envisagent de modifier leurs règles de TVA/TPS pour répondre à l'essor de l'économie du partage/à la demande, consiste à confronter le cadre actuel aux particularités de cette économie et de réfléchir à des mesures qui soient compatibles avec celui-ci afin de surmonter, le cas échéant, toute difficulté spécifique. Une telle approche permettra d'éviter des obligations redondantes ou conflictuelles découlant de mesures spécifiques susceptibles de s'écarter du cadre de TVA/TPS existant, ce qui risquerait d'accroître la complexité et l'incertitude ainsi que les contraintes liées à la discipline fiscale et les coûts administratifs. En d'autres termes, les juridictions pourraient devoir commencer par recenser les lacunes de leur cadre de TVA/TPS actuel avant d'être en mesure d'établir le type d'action nécessaire pour surmonter les difficultés posées par l'économie du partage/à la demande.

De façon analogue, les juridictions pourraient devoir se pencher sur les interactions potentielles entre leur cadre de TVA/TPS actuel et d'autres domaines de leur législation nationale, notamment le droit du travail, la sécurité sociale ou l'impôt sur le revenu. Le fait, par exemple, de considérer une plateforme de l'économie du partage/à la demande comme un employeur et ses fournisseurs sous-jacents comme des employés en vertu du droit du travail en vigueur dans une juridiction donnée peut avoir une incidence sur le traitement de l'activité concernée au regard de la TVA/TPS. Dans le même ordre d'idées, le fait d'imposer l'enregistrement à la TVA/TPS comme condition d'obtention d'une autorisation pour l'exercice d'une activité ou l'occupation d'un certain emploi, ou comme condition d'admissibilité à la couverture sociale ou à certaines prestations, peut influer sur la réponse apportée en matière de TVA/TPS.

2.4.2. L'économie du partage/à la demande justifie-t-elle des politiques sectorielles ?

Dans le prolongement des paragraphes précédents, la question est de savoir si et dans quelle mesure il est approprié d'apporter des réponses différenciées selon le secteur concerné de l'économie du partage/à la demande. La diversité des activités (fondées sur les actifs ou sur le travail, par exemple) et des modèles commerciaux (fondés sur des paiements électroniques ou en espèces, par exemple) peut faire naître un ensemble tout aussi varié de difficultés liées au respect des règles et/ou à l'administration qui peut justifier la mise en place de politiques différenciées.

Comme souligné ci-dessus, lorsque l'adoption d'une approche différenciée est jugée appropriée, il convient d'opter pour une réponse compatible avec les règles et principes généraux du système de TVA/TPS de la juridiction concernée et de limiter les nouvelles exceptions ou les régimes spéciaux. La mise en place de régimes spécifiques applicables à certains secteurs, par exemple au travers d'exonérations ou de seuils sectoriels, risque en effet de rendre le système encore plus complexe et incertain, notamment parce que le caractère évolutif des secteurs relevant de l'économie du partage et la convergence entre ceux-ci (qui se traduit notamment par des offres groupées) peuvent rendre la délimitation du champ d'application de ces régimes extrêmement difficile. Cette situation peut conduire à une multiplication des contraintes liées à la discipline fiscale ainsi que des risques de distorsion de la concurrence et de non-respect des règles (par exemple en raison d'une qualification erronée des activités en vue de bénéficier du traitement le plus favorable au regard de la TVA/TPS). Par ailleurs, les approches sectorielles risquent de se révéler moins pérennes au vu des évolutions constantes des modèles d'activité et de l'émergence, au sein de l'économie du partage/à la demande, de nouveaux secteurs qui prennent rapidement de l'ampleur.

Cela étant, il est admis qu'une stratégie différenciée peut être nécessaire et appropriée en raison des particularités de certains secteurs de l'économie du partage/à la demande. Pour être efficace, la réponse apportée à l'émergence d'une activité relevant de l'économie du partage qui implique la présence physique des fournisseurs sous-jacents (par exemple les services de VTC) sera probablement différente de celle adoptée pour une activité qui porte sur des services à distance fournis depuis l'étranger (par exemple les travaux intellectuels à la demande) ou qui s'appuie sur la présence d'actifs étrangers dans une juridiction donnée (par exemple les locations de courte durée). En tout état de cause, l'approche la plus efficace est probablement celle qui consiste à s'assurer que ces différentes réponses s'inscrivent dans le cadre général de TVA/TPS et soient compatibles avec celui-ci.

Il est admis qu'une juridiction peut décider d'agir de façon graduelle. Elle peut ainsi choisir de cibler en premier lieu les secteurs dominants de l'économie du partage/à la demande, ceux qui font peser le plus de risques sur les recettes de la TVA/TPS et/ou ou laissent craindre d'importantes distorsions de la concurrence. Dans ce contexte, une juridiction peut envisager de mener un programme pilote (sur une base volontaire) associant quelques acteurs des secteurs concernés avant de le déployer au sein de ceux-ci en s'appuyant sur ces enseignements. De même, la pratique et l'expérience acquises dans le cadre de la mise en œuvre d'une réforme visant les secteurs de l'économie du partage/à la demande considérés comme nécessitant une réponse prioritaire peuvent servir de bonne base pour les mesures qui seront déployées dans d'autres secteurs par la suite.

Quand une juridiction envisage d'élargir le champ d'application de politiques existantes à d'autres types d'activités de l'économie du partage/à la demande, elle doit veiller à assurer la viabilité de ces politiques compte tenu de la diversité des modèles commerciaux. Citons notamment le cas de l'élargissement des obligations de communication de données imposées aux acteurs de secteurs spécifiques à d'autres secteurs et acteurs de l'économie du partage/à la demande. Pour garantir l'efficacité et l'efficience d'un tel régime, il est particulièrement important d'établir les éléments d'information à déclarer sur la base des renseignements disponibles pour chaque secteur.

2.4.3. Principes généraux de conception de la politique et de l'administration fiscales pour gérer les incidences de l'économie du partage/à la demande sur la TVA/TPS.

Pour être efficace, un système de TVA/TPS doit en principe concilier les objectifs des pouvoirs publics, les stratégies en matière de législation, d'administration et de conformité, et les services aux contribuables. Une réponse intégrée comme il se doit dans le cadre général de TVA/TPS et compatible avec son fonctionnement global est d'autant plus à même de fournir des résultats satisfaisants sur le plan des objectifs fixés en matière de recettes et d'équité, de respect des règles par les acteurs de l'économie du partage/à la demande et d'efficacité administrative pour les autorités fiscales. Une réponse bien équilibrée permet par ailleurs d'éviter que les politiques menées dans le domaine de la TVA/TPS fassent inutilement obstacle à l'essor de l'économie du partage/à la demande. Les *Conditions cadres d'Ottawa sur la fiscalité* peuvent fournir des orientations utiles à l'élaboration d'une telle réforme en s'appuyant sur les principes fondamentaux de neutralité, d'efficience, de certitude et de simplicité, d'efficacité et d'équité ainsi que de flexibilité.

Pour conclure, et étant entendu qu'il n'existe pas de solution toute faite, ce chapitre expose, pour l'élaboration des politiques menées dans le domaine de la TVA/TPS, une série de principes de conception globaux complémentaires afin d'éclairer davantage les analyses et décisions des administrations fiscales en réponse aux évolutions de l'économie du partage/à la demande au sein de leur juridiction :

- **Bien comprendre les objectifs visés** et évaluer les options stratégiques et politiques potentielles par rapport à ces objectifs.
- **Veiller à l'égalité de traitement des différents circuits de distribution d'un marché donné, qu'ils soient traditionnels ou numériques**, et accepter que pour y parvenir, les activités relevant de l'économie du partage/à la demande puissent, vu leurs particularités, devoir faire l'objet d'interventions des pouvoirs publics. Étant donné que l'économie des plateformes, y compris celle du partage/à la demande, converge avec l'économie dans son ensemble, il est essentiel de garantir la neutralité des circuits entre les prestataires qui opèrent par le biais de plateformes et ceux qui ne relèvent pas de l'économie numérique.
- **Élaborer les options d'action sur la base d'une bonne compréhension des acteurs de l'économie du partage/à la demande, de leurs écosystèmes et de leurs tendances afin de garantir leur viabilité de manière proportionnée et pérenne**. Il est donc important que les administrations fiscales consultent les parties prenantes concernées (c'est-à-dire les acteurs de l'économie du partage/à la demande, les opérateurs économiques traditionnels et d'autres parties prenantes tierces telles que les fournisseurs de services et les prestataires informatiques).
- **Assurer une coopération étroite avec d'autres organismes publics** (par exemple ceux chargés de la réglementation du travail) afin d'examiner les possibilités offertes par des approches associant l'ensemble de l'administration. Il peut notamment s'agir de permettre aux différentes autorités d'accéder à des informations pertinentes au regard de la TVA/TPS recueillies par d'autres organismes nationaux (non chargés de la TVA/TPS), et inversement, ou de prévoir un processus d'enregistrement qui, sous la forme d'un « guichet unique », engloberait plusieurs domaines et organismes/entités/autorités publiques.
- **Entretenir un dialogue international avec les pairs d'autres juridictions** pour se tenir informé des tendances à l'œuvre à l'échelle mondiale et partager des analyses, des expériences et des bonnes pratiques. À cet égard, le Forum mondial sur la TVA et le Forum sur l'administration de l'impôt peuvent jouer un rôle utile en facilitant ce dialogue.
- **Veiller à bien communiquer sur les mesures en amont de leur mise en place** et prévoir un délai suffisant pour leur mise en œuvre ainsi que des orientations claires pour tous les acteurs concernés de l'économie du partage/à la demande (fournisseurs, utilisateurs et plateformes).
- **Préserver l'intégrité du système fiscal en facilitant le respect des règles et en maintenant les contraintes liées à la discipline fiscale à un niveau raisonnable tout en atténuant les risques de fraude et d'évasion fiscales.** Pour ce faire, les autorités fiscales sont encouragées à adopter une approche mixte consistant, d'une part, à faciliter et à favoriser le respect des règles en simplifiant les procédures et, d'autre part, à décourager les infractions.
- **Évaluer régulièrement l'efficacité et la neutralité des politiques adoptées, y compris leur incidence (potentielle) sur la croissance de l'économie du partage/à la demande.** L'économie du partage/à la demande est un domaine en évolution. Les évolutions à l'œuvre dans le domaine réglementaire (développements du droit du travail susceptibles de redéfinir les relations entre les plateformes et leurs fournisseurs, par exemple) et technologique (utilisation potentielle de voitures autonomes à l'avenir) pourraient conduire à une transformation rapide de la portée et du champ de l'économie du partage/à la demande à l'échelle nationale et mondiale. Il est donc nécessaire

de surveiller les évolutions et d'évaluer l'efficacité et la neutralité des politiques adoptées à intervalles réguliers si tant est que cela soit possible.

Ces principes de conception globaux tiennent lieu de cadre d'évaluation permettant d'apprécier l'efficacité et l'efficience d'une vaste palette d'options politiques et administratives ainsi que des fonctions qui pourraient être dévolues aux plateformes numériques abordées dans le chapitre 3 du rapport.

Références

IMF (2018), « Measuring the Digital Economy », *Policy Papers*, IMF , Washington, D.C., https://www.imf.org/en/Publications/Policy-Papers/Issues/2018/04/03/022818-measuring-the-digital-economy (consulté le 25 février 2021). [1]

OECD (2019), « Measuring platform mediated workers », *OECD Digital Economy Papers*, n° 282, OECD Publishing, Paris, https://dx.doi.org/10.1787/170a14d9-en. [2]

3 Prise en compte des incidences sur la TVA/TPS de l’essor de l'économie du partage/à la demande : approches envisagebales en matière de politique fiscale et d’administration de l’impôt – rôle des plateformes numériques

Le présent chapitre du Rapport analyse un certain nombre d’approches envisageables en matière de politique et d’administration de la TVA/TPS que les juridictions peuvent souhaiter prendre en compte lors du développement de leur stratégie visant à répondre aux pressions potentielles sur la TVA/TPS résultant de l’essor de l’économie du partage/à la demande.

Il examine en particulier un certain nombre de mesures fiscales et administratives non mutuellement exclusives visant à faciliter et renforcer la conformité à la TVA/TPS dans le cadre de l’économie du partage/à la demande, notamment grâce à la simplification des procédures de conformité à la TVA/TPS, à la collecte et à l’utilisation efficaces des données et à des approches (alternatives) en matière de collecte de la TVA/TPS due sur les transactions relevant de l’économie du partage/à la demande (section 3.2). Il propose également une analyse détaillée du rôle potentiel des plateformes numériques de l’économie du partage/à la demande pour faciliter et renforcer la conformité à la TVA/TPS au sein de l’économie du partage/à la demande (section 3.3.). Tout en reconnaissant qu'il n'existe pas de solution universelle, l'objectif fondamental est d’aborder les considérations politiques connexes (opportunités et difficultés) et d'aider les responsables de l’action publique à évaluer et mettre au point les cadres juridiques et administratifs propres à leur pays, en prenant en compte leurs situations nationales et leurs principales motivations politiques.

3.1. Introduction

Comme expliqué au chapitre 2, les principales motivations politiques à l'origine du développement d'une stratégie en matière de TVA/TPS pour répondre à l'essor de l'économie du partage/à la demande sont susceptibles de varier d'une juridiction à l'autre. Ces motivations dépendent d'un certain nombre de facteurs, notamment la taille et l'essor de l'économie du partage/à la demande (ou de l'un de ses secteurs) dans une juridiction donnée, son impact potentiel sur la base d'imposition et les recettes de TVA/TPS, ainsi que la pression concurrentielle qu'elle créée pour le(s) secteur(s) économique(s) équivalent(s). Il est admis que la priorité politique d'une juridiction n'implique pas nécessairement la collectede la TVA/TPS sur toutes les activités de l'économie du partage/à la demande, mais elle peut, par exemple, avoir pour but de répondre à la nécessité d'acquérir une bonne compréhension du développement de l'économie du partage/à la demande ainsi que de surveiller tout risque potentiel d'érosion de la base d'imposition à la TVA/TPS afin, le cas échéant, d'éclairer les futures décisions politiques.

Les motivations politiques et les difficultés étant différentes d'une juridiction à l'autre, il n'existe pas de réponse universelle aux répercussions de l'économie du partage/à la demande sur la TVA/TPS. On peut raisonnablement s'attendre à ce que la conception et la mise en œuvre des mesures envisageables soient à l'image des différences observées au regard du cadre politique et législatif, des problèmes spécifiques et des priorités de l'administration fiscale ainsi que de la diversité des modèles d'activité de l'économie du partage/à la demande. Il revient à chaque juridiction de déterminer quelles mesures sont les plus adaptées à sa situation particulière. Ce Rapport a pour objectif principal d'identifier les options envisageables et d'aborder les considérations politiques connexes (opportunités et difficultés) afin d'aider les responsables de l'action publique à évaluer et mettre au point leur réponse politique et administrative en prenant en compte leurs spécificités nationales.

Ce Rapport reconnaît que le statut au regard de la TVA/TPS des acteurs de l'économie du partage/à la demande (y compris les plateformes et les fournisseurs sous-jacents) dans une juridiction donnée sera généralement déterminé sur la base des règles normales de TVA/TPS de cette juridiction, souvent au cas par cas et à la lumière de faits et circonstances spécifiques. Cela englobe la question de savoir si une plateforme de l'économie du partage/à la demande agit en qualité de principal ou d'agent aux fins de la TVA/TPS. En effet, comme indiqué au chapitre 1, les activités exercées dans l'économie du partage/à la demande ne sont généralement pas nouvelles, et elles sont généralement couvertes par les règles normales de TVA/TPS. C'est le recours à la technologie pour faciliter et mener à bien ces activités qui est nouveau et crée des opportunités et des difficultés en ce qui concerne la politique et l'administration de la TVA/TPS, car les plateformes de l'économie du partage/à la demande génèrent et stimulent l'activité d'un nombre potentiellement important de nouveaux acteurs économiques qui peuvent devenir assujettis à la TVA/TPS selon les règles normales. Cette nouvelle réalité commerciale peut soumettre l'administration de la TVA/TPS à une pression considérable, car elle peut notamment faire entrer dans le système de TVA/TPS un nombre important de particuliers ayant des connaissances limitées et/ou une capacité limitée à respecter les obligations en la matière (micro-entreprises et PME, par exemple), dont les activités peuvent être difficiles à suivre et impliquent des recettes de TVA/TPS ainsi que des distorsions de concurrence qui restent limitées à une échelle individuelle mais peuvent prendre de l'ampleur lorsqu'elles sont additionnées. L'objectif de ce chapitre est de présenter un ensemble d'options envisageables qui pourraient permettre aux équipes chargées de la politique et de l'administration fiscales de surmonter ces difficultés.

Il est admis que l'administration fiscale peut avoir à relever le défi délicat qui consiste à trouver un équilibre entre, d'une part, la nécessité de protéger les recettes et de réduire les distorsions de concurrence, qui peut amener à intégrer un grand nombre d'acteurs économiques nouveaux et relativement petits au système de TVA/TPS, et, d'autre part, la nécessité de préserver l'efficacité de l'administration fiscale et d'éviter aux acteurs de l'économie du partage/à la demande d'être confrontés à une charge administrative excessive. Bien souvent, il peut s'agir d'un exercice complexe, qui nécessite de prendre soigneusement en compte un certain nombre de paramètres différents, notamment le contexte politique national et les particularités d'une activité ou d'un secteur donné(e) de l'économie du partage/à la demande.

Dans ce contexte, ce chapitre examine diverses mesures politiques et administratives non mutuellement exclusives visant à optimiser l'application de la TVA/TPS à l'économie du partage/à la demande. Il peut, par exemple, s'agir des options possibles pour simplifier l'administration de et la conformité à la TVA/TPS, ainsi que d'approches pour la collecte efficace et efficiente de données fiscalement pertinentes et pour la collecte de la TVA/TPS due sur les transactions de l'économie du partage/à la demande.

Ces mesures peuvent être regroupées dans deux grandes catégories, comme illustré dans le graphique 3.1. :

Graphique 3.1. Un large éventail d'options politiques

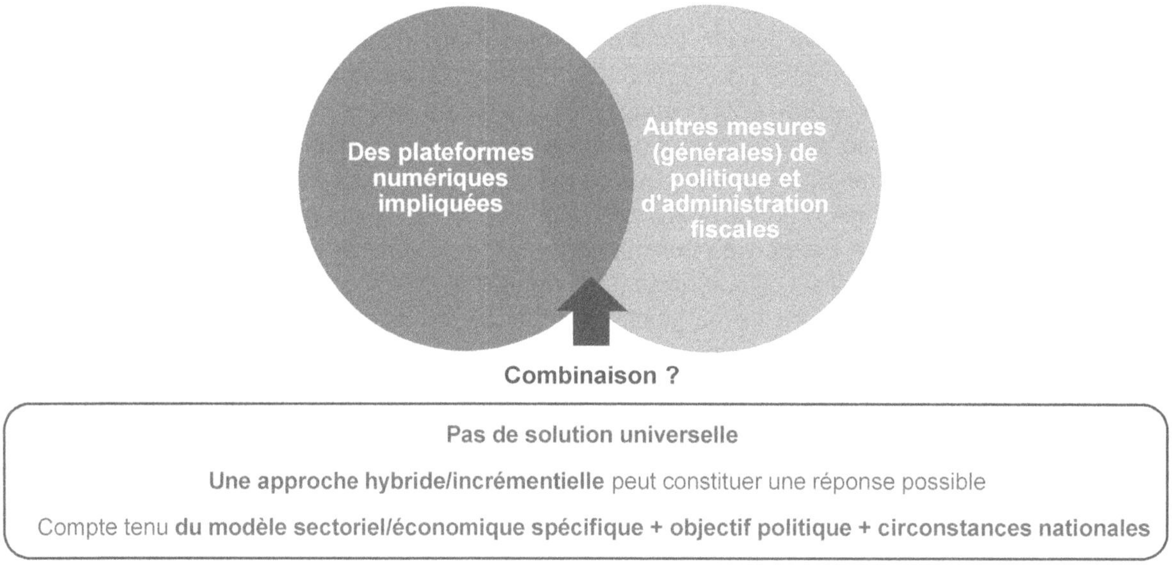

Source : Analyse de l'OCDE.

- **Des mesures politiques et administratives générales sur la TVA/TPS,** qui peuvent potentiellement s'appliquer tant aux activités traditionnelles qu'aux activités similaires de l'économie du partage/à la demande. Il s'agit d'un éventail de mesures qui permettraient à l'administration fiscale de mettre en œuvre l'égalité de traitement entre les secteurs traditionnels et les secteurs correspondants de l'économie du partage/à la demande, tout en réduisant les risques de charge administrative ainsi que les coûts de respect des obligations fiscales. Ces mesures visent essentiellement à gérer le nombre de nouveaux acteurs économiques entrant dans le système de TVA/TPS, ainsi qu'à simplifier le respect des obligations de conformité pour les fournisseurs de l'économie du partage/à la demande, notamment en tirant parti des opportunités offertes par la technologie pour faciliter la déclaration et la collecte de la TVA/TPS. Elles sont analysées plus en détail à la section 3.2, et incluent :
    - la détermination du seuil d'assujettissement à et/ou de collecte de la TVA/TPS ;
    - la conception de régimes d'imposition forfaitaire pour déterminer l'exigibilité de la TVA/TPS ;
    - la simplification de la comptabilité et de la déclaration ;
    - la mise en œuvre de mécanismes de collecte de la TVA/TPS par paiement scindé/retenue à la source ;
    - le recours à la technologie pour faciliter l'administration de la TVA/TPS et simplifier le respect des obligations ;

- la mise en place d'obligations déclaratives pour les tiers ;
- la mise en œuvre d'activités d'éducation ou d'autres activités de sensibilisation des assujettis.

- **Des mesures ciblant plus spécifiquement les plateformes numériques au regard de leur rôle important pour générer et faciliter les activités de l'économie du partage/à la demande :**
  - informer les fournisseurs sous-jacents sur leurs obligations en matière de TVA/TPS ;
  - fournir des données à l'administration fiscale afin de permettre à celle-ci de surveiller l'économie du partage/à la demande, de faciliter le respect des obligations et l'administration et/ou de gérer les risques liés à la conformité ;
  - assurer la collecte de la TVA/TPS et/ou assumer une responsabilité à l'égard de la TVA/TPS sur les transactions de l'économie du partage/à la demande qu'elles facilitent.

Ces mesures relatives aux rôles que peuvent jouer les plateformes de l'économie du partage/à la demande sont examinées plus en détail à la section 3.3. Cette section porte exclusivement sur les plateformes qui facilitent les transactions entre les fournisseurs de l'économie du partage/à la demande et leurs clients, mais qui, en vertu des règles normales de TVA/TPS, n'ont pas l'obligation de déclarer ou payer la TVA/TPS sur ces transactions (c'est-à-dire qu'elles agissent en qualité d'agent). Elle ne concerne pas les plateformes de l'économie du partage/à la demande qui sont déjà soumises à des obligations de déclaration et/ou de paiement de la TVA/TPS sur les fournitures de l'économie du partage/à la demande, notamment parce que, en vertu des règles normales, ces plateformes sont considérées comme le redevable de la TVA/TPS sur ces opérations. Elle ne se rapporte pas non plus aux obligations normales en matière de TVA/TPS auxquelles sont soumises les plateformes numériques en ce qui concerne les commissions ou redevances qu'elles perçoivent pour leurs activités auprès des fournisseurs de l'économie du partage/à la demande, des utilisateurs ou des deux. Cette section s'appuie sur le rapport publié en 2019 sur le rôle des plateformes numériques dans la collecte de la TVA/TPS sur les ventes en ligne, qui met en lumière les différences de fonctionnement possibles entre les différentes plateformes de l'économie du partage/à la demande, ainsi que l'impact de ces différences sur leur rôle potentiel pour appuyer la conformité à la TVA/¨TPS (OCDE, 2019[1]).

Comme expliqué au chapitre 2, il se peut qu'il n'y ait aucune raison ou justification valable expliquant la disparité de traitement en matière de TVA/TPS entre les activités de l'économie du partage/à la demande et les activités similaires ou identiques de l'économie traditionnelle ou de l'économie collaborative au sens large, tout simplement parce que les activités de l'économie du partage/à la demande passent par un canal différent (numérique). La neutralité concurrentielle dans le domaine de la TVA/TPS pourra normalement être atteinte grâce à l'application des règles normales de TVA/TPS et des obligations de conformité aux fournisseurs de l'économie du partage/à la demande ainsi qu'aux fournisseurs opérant dans des circonstances similaires dans l'économie traditionnelle ou d'autres secteurs de l'économie collaborative.

Il est toutefois admis que les juridictions peuvent vouloir envisager de prendre des mesures spécifiques adaptées aux caractéristiques de l'économie du partage/à la demande (par exemple la technologie favorisant le respect des obligations) ou atteindre des objectifs politiques plus larges (par exemple la surveillance des développements du secteur), ce qui pourrait au final aboutir à un traitement fiscal différent. Dans la pratique, lors du développement de ses politiques relatives à l'économie du partage/à la demande, l'administration fiscale peut avoir besoin d'envisager un compromis adapté entre, d'une part, l'objectif visant à améliorer la conformité et le recouvrement des recettes dans l'économie du partage/à la demande et, d'autre part, les différences possibles dans le traitement en matière de TVA/TPS des opérateurs relevant de l'économie du partage/à la demande qui peuvent résulter de ces politiques (par exemple du fait de l'application d'un régime d'imposition forfaitaire). Identifier ce qui justifie les différences de traitement en matière de TVA/TPS, le cas échéant, est une tâche inévitablement difficile pour l'administration fiscale.[1] Pour préserver l'intégrité globale de son système de TVA/TPS, l'administration fiscale a généralement tout intérêt à réduire la complexité, la charge administrative et les coûts du respect des obligations fiscales qui peuvent résulter de l'instauration de règles de TVA/TPS spécifiques pour l'économie du partage/à la demande, ainsi qu'à réduire la vulnérabilité de cette dernière à l'indiscipline et à l'évasion fiscales.

Le chapitre 4 du Rapport analyse un certain nombre d'approches basées sur les risques en matière de respect des obligations et d'application des règles que les administrations fiscales doivent prendre en compte pour garantir des niveaux de conformité appropriés avec les mesures examinées au chapitre 3.

3.2. Options élargies de politiques fiscales

Cette section examine un certain nombre d'options plus larges de politique fiscale et d'administration qui visent essentiellement à gérer le nombre de nouveaux acteurs économiques entrant dans le système TVA/TPS, et à simplifier les obligations de conformité pour les fournisseurs d'économie de partage / à la demande, notamment en utilisant les opportunités offertes par la technologie pour faciliter la déclaration et la collecte de la TVA/TPS. L'analyse pertinente repose sur la reconnaissance du fait que le statut TVA/TPS des fournisseurs d'économie de partage/à la demande et d'autres acteurs dans une juridiction donnée sera généralement déterminé sur la base des règles normales de TVA/TPS de cette juridiction, souvent au cas par cas à la lumière de faits et de circonstances spécifiques.

3.2.1. L'application des seuils d'assujettissement et/ou de collecte

La plupart des régimes de TVA/TPS appliquent un ou plusieurs seuils, généralement destinés aux petites entreprises, en dessous desquels ces entreprises sont dispensées de l'obligation de facturer et payer la TVA/TPS sur leurs ventes, ainsi que des obligations de déclaration associées. Ces seuils sont généralement basés sur le chiffre d'affaires annuel. Pour faire simple, on peut distinguer deux catégories: les seuils d'assujettissement, qui dispensent une entreprise de s'assujettir à la TVA/TPS et de la collecter ; et les seuils de collecte, en vertu desquels une entreprise est tenue de s'enregistrer à la TVA/TPS même lorsque son chiffre d'affaires est inférieur au seuil, mais est dispensée de la collecte de la TVA/TPS tant que son chiffre d'affaires ne dépasse pas le seuil. Les seuils peuvent varier en fonction du secteur ou du type d'activité et du secteur.

L'impact sur la politique et l'administration de la TVA/TPS de l'essor de l'économie du partage/à la demande, notamment en ce qui concerne les recettes et la neutralité concurrentielle, est susceptible de dépendre considérablement de la politique de seuils d'un système de TVA/TPS :

- *une juridiction avec un seuil d'assujettissement à ou de collecte de la TVA/TPS relativement élevé* (en général ou par secteur) peut en particulier être confrontée à une érosion de la base d'imposition à la TVA/TPS ainsi qu'à des pertes de recettes dans les secteurs pour lesquels l'essor de l'économie du partage/à la demande peut entraîner un transfert de l'activité depuis un nombre relativement réduit d'opérateurs économiques qui sont au-dessus du seuil (des hôtels, par exemple) vers une multitude de nouveaux opérateurs économiques relativement petits (comme des propriétaires de biens immobiliers proposés à la location à court terme) qui sont en dessous du seuil. Cela peut entraîner une augmentation rapide des pertes de recettes et des distorsions de concurrence, notamment lorsque les opérateurs s'organisent pour maintenir leurs activités en dessous du seuil afin de rester compétitifs.
- *une juridiction avec un seuil de TVA/TPS inexistant ou peu élevé* peut avoir à faire face au défi administratif que représente l'entrée d'un grand nombre de nouveaux opérateurs économiques de petite taille dans le système de TVA/TPS du fait de l'essor de l'économie du partage/à la demande, lesdits opérateurs présentant souvent une capacité limitée à comprendre leurs obligations en matière de TVA/TPS et à les respecter (par exemple les travailleurs à la demande). Ce phénomène peut également entraîner une augmentation du nombre d'assujettis pouvant prétendre à la déduction de la TVA/TPS en amont (par exemple la TVA/TPS sur les frais de carburant des

conducteurs dans le secteur du transport), avec la charge administrative importante et les risques potentiels en matière de recettes que cela représente, car les actifs utilisés (véhicules ou logements, par exemple) seront souvent également utilisés à des fins privées.

Les seuils peuvent ainsi s'avérer utiles pour aider les juridictions à gérer l'impact sur les recettes et l'administration de la TVA/TPS de l'essor de l'économie du partage/à la demande. Un seuil élevé peut contribuer à réduire la pression sur l'administration de la TVA/TPS due à l'entrée dans le système d'un grand nombre de nouvelles petites entreprises, avec des coûts et des risques de conformité qui peuvent s'avérer disproportionnés par rapport aux recettes de TVA/TPS générées. Pour les fournisseurs relevant de l'économie du partage/à la demande, cela permet d'éviter les coûts de respect des obligations fiscales en matière de TVA/TPS, qui peuvent souvent être disproportionnés par rapport à leur chiffre d'affaires. Un seuil relativement bas peut contribuer à limiter les risques d'érosion de la base d'imposition et de distorsion de la concurrence, mais également inciter les entreprises à formaliser leur activité. La conception de cet outil est donc un délicat exercice d'équilibre. Il n'existe pas de réponse unique à la question de savoir ce qu'est un « bon » seuil de TVA/TPS. Un certain nombre de facteurs doivent être pris en compte par une juridiction lors de la définition du seuil. Le niveau du seuil est généralement le résultat d'un compromis entre, d'une part, l'objectif de limiter les coûts administratifs et les coûts de conformité et, d'autre part, la nécessité de préserver les recettes et d'éviter toute distorsion de la concurrence.

Avant d'envisager d'utiliser les seuils de TVA/TPS en tant qu'outils permettant de gérer l'impact sur la TVA/TPS de l'essor de l'économie du partage/à la demande, les facteurs suivants doivent également être pris en compte :

- les caractéristiques principales du secteur concerné de l'économie du partage/à la demande, en particulier sa taille, sa perspective de croissance et le profil type des (nouveaux) opérateurs économiques qui vont devenir actifs en tant que fournisseurs de l'économie du partage/à la demande. La réponse à ces questions peut aider à déterminer si les risques en matière de recettes et les risques de distorsion de la concurrence sont considérés comme suffisamment importants pour justifier une action politique, et dans quelle mesure un transfert de l'activité depuis les opérateurs économiques traditionnels vers les opérateurs de l'économie du partage/à la demande peut conduire à cette perte de recettes et à cette distorsion de concurrence, ainsi qu'à une augmentation de la pression sur l'administration fiscale. Par exemple, les résultats de cette analyse peuvent varier selon qu'il s'agit d'un secteur à forte intensité de main-d'œuvre qui nécessite des investissements limités (comme le « travail à la demande ») ou d'un secteur à plus forte intensité de capitaux (comme la location à court terme). Un secteur à forte intensité de main-d'œuvre est susceptible d'attirer un grand nombre de nouveaux opérateurs économiques potentiellement moins en mesure de respecter leurs obligations en matière de TVA/TPS et qui peuvent s'avérer plus difficiles à suivre pour les administrations. Dans un secteur à forte intensité de capitaux, les opérateurs économiques sont potentiellement moins nombreux et relativement plus faciles à suivre, et on peut supposer qu'ils sont davantage en mesure de respecter leurs obligations fiscales ;
- la complexité du régime de TVA/TPS ainsi que les obligations de mise en conformité et les coûts associés pour les opérateurs de l'économie du partage/à la demande ;
- la disponibilité d'un régime de comptabilité et de déclaration simplifié pour les petites entreprises, et notamment d'un régime simplifié pour le calcul de l'exigibilité de la TVA/TPS. De telles mesures de simplification pourraient par exemple justifier l'instauration d'un seuil relativement bas pour un secteur donné de l'économie du partage/à la demande ;
- la capacité de l'administration fiscale à gérer et surveiller un (plus) grand nombre d'assujettis à la TVA/TPS, y compris les coûts d'administration liés à la supervision et à la collecte fiscales ;
- le civisme fiscal des (petites) entreprises.

Il est donc évident qu'il appartient à chaque juridiction de déterminer le niveau du seuil en fonction de sa situation, en faisant potentiellement des compromis entre, d'une part, la volonté d'encourager les nouvelles activités économiques et de réduire la proportion de l'économie monétaire/informelle et, d'autre part, l'impact potentiel sur la concurrence dans des secteurs spécifiques. Dans ce contexte, les aspects suivants méritent d'être examinés plus en détail par les juridictions concernées :

- Envisager d'appliquer un régime d'assujettissement volontaire aux petites entreprises, notamment des acteurs de l'économie du partage/à la demande, qui peuvent être désavantagés par l'exonération de TVA/TPS. Cela peut notamment s'appliquer aux entreprises qui souhaitent déduire la TVA/TPS sur leurs intrants et/ou qui traitent avec les clients assujettis à la TVA/TPS qui eux-mêmes souhaitent établir des contrats avec des fournisseurs assujettis à la TVA/TPS pour éviter l'effet de cascade en matière de TVA/TPS (cet effet de cascade peut amener des fournisseurs non assujettis à répercuter le coût de la TVA/TPS non déductible dans les prix facturés à leurs clients). La solution de l'assujettissement volontaire peut également stimuler et aider les entreprises à organiser leur activité dans l'optique de rapidement dépasser le seuil et donc d'élaborer immédiatement leurs procédures en matière de TVA/TPS). Cet assujettissement volontaire peut être autorisé à la condition que l'entreprise reste assujettie pendant une durée minimale afin d'éviter toute fraude à la TVA/TPS de la part de fournisseurs peu scrupuleux, qui peuvent s'assujettir et faire des demandes de remboursement sur une base *ad hoc* ;
- Envisager la mise en œuvre de mesures anti-abus, par exemple pour lutter contre les opérateurs de l'économie du partage/à la demande qui répartissent artificiellement leurs activités entre un certain nombre de plateformes de l'économie du partage/à la demande ou autres canaux de distribution afin de rester en dessous du seuil. Ces mesures peuvent par exemple inclure la collecte et le recoupement des données issues des plateformes numériques ainsi que le recours à des solutions technologiques (voir l'analyse ci-dessous).

C'est souvent le chiffre d'affaires annuel qui est utilisé pour déterminer le seuil d'assujettissement à la TVA/TPS. Toutefois, une juridiction peut souhaiter déterminer le seuil en fonction du secteur et en se référant à des indicateurs (supplémentaires) types et considérés comme pertinents pour une activité donnée. Dans le secteur du logement, par exemple, ces indicateurs peuvent inclure le type de bien proposé à la location à court terme (par exemple une chambre dans une résidence principale ou un appartement entier). Dans le secteur du transport, le nombre de trajets par période spécifique (mois/année) peut être considéré comme un indicateur supplémentaire. Il est toutefois admis que ces types d'indicateurs d'activité par secteur peuvent accroître la complexité et rendre plus difficiles l'administration et le respect de la conformité.

Un seuil peut servir d'outil permettant à l'administration fiscale d'élargir ou de restreindre le nombre d'opérateurs de l'économie du partage/à la demande qu'elle accepte dans le système de TVA/TPS et/ou de les en exclure.[2] Quand une juridiction choisit de faire entrer (une partie) des fournisseurs de l'économie du partage/à la demande dans le système de TVA/TPS en mettant en place un seuil (bas), il se peut qu'elle doive envisager des solutions pour simplifier le respect des obligations en matière de TVA/TPS par les petites entreprises, notamment pour permettre une détermination simple de l'exigibilité de la TVA/TPS et faciliter le paiement de la TVA/TPS due. Les options politiques possibles pour permettre cette simplification et plus généralement pour améliorer l'administration de la TVA/TPS et le respect des obligations en la matière sont examinées dans les sections suivantes de ce chapitre.

3.2.2. Programmes d'imposition forfaitaire de TVA/TPS

Les programmes d'imposition forfaitaire de TVA/TPS peuvent être particulièrement utiles pour réduire la charge administrative liée à la TVA/TPS pour les (petites) entreprises éligibles, et ainsi permettre aux acteurs de l'économie du partage/à la demande d'entrer dans le système de TVA/TPS sans entraîner de coûts de mise en conformité et de complexité excessifs. Une caractéristique essentielle et pertinente des régimes d'imposition forfaitaire est le fait qu'ils permettent généralement de simplifier la comptabilité et le calcul de l'exigibilité de la TVA/TPS, notamment en éliminant la nécessité de déterminer la déductibilité de la TVA/TPS sur intrants individuels. Cela peut conduire à une simplification significative de la TVA/TPS pour les activités de l'économie du partage/à la demande, lesquelles impliquent souvent des actifs qui sont utilisés à des fins à la fois professionnelles et privées (par exemple véhicules, biens immobiliers). Cela entraîne souvent des difficultés, dans le cas des fournisseurs de l'économie du partage/à la demande pour déterminer le bon montant de TVA/TPS déductible en amont, et dans le cas de l'administration fiscale pour contrôler que la TVA/TPS a été correctement déduite par un grand nombre d'entreprises relativement petites.

Les principales variantes des programmes d'imposition forfaitaire de TVA/TPS peuvent inclure :

- **Un régime de calcul simplifié du crédit d'impôt en amont**, dans le cadre duquel les assujettis éligibles doivent facturer la TVA/TPS sur leurs ventes conformément aux dispositions habituelles en matière de TVA/TPS mais se voient accorder une déduction fixe de la TVA/TPS payée en amont du montant de la TVA/TPS due. Le montant de la TVA/TPS à acquitter à l'administration fiscale est ainsi calculé autrement que dans le cadre des règles normales (lesquelles exigent une compensation entre le montant de la TVA/TPS qui a effectivement été supportée sur les intrants des entreprises et la TVA/TPS collectée en aval). Cette approche réduit la charge administrative liée à la TVA/TPS pour les assujettis éligibles, car elle élimine la nécessité de déterminer la déductibilité de la TVA/TPS sur les éléments de charges individuels. Dans le cadre d'un régime de calcul simplifié du crédit d'impôt en amont, la définition du niveau de déduction fixe de la TVA payée en amont nécessite une réflexion approfondie afin d'éviter toute conséquence inattendue (par exemple un niveau trop élevé se traduisant par une aide financière pour les assujettis éligibles et une possible distorsion de la concurrence). Le niveau de la déduction fixe de la TVA/TPS en amont devra généralement être établi sur la base d'une analyse du secteur (moyennes sectorielles). Cette difficulté peut être moindre dans les secteurs à forte intensité de main-d'œuvre, où les montants de la TVA/TPS en amont déductible peuvent être moindres. Dans les cas où une entreprise approvisionne généralement d'autres entreprises assujetties à la TVA/TPS, qui peuvent prétendre à une déduction intégrale de la TVA/TPS acquittée en amont, l'administration fiscale devra examiner dans quelle mesure l'application du régime de calcul simplifié du crédit d'impôt en amont a des conséquences excessives sur les recettes, étant donné que le montant global de la TVA/TPS déduite peut ne pas correspondre au montant de la TVA/TPS versée à l'administration fiscale.
- **L'application d'un taux de TVA/TPS spécifique (un « taux fixe ») sur les ventes des assujettis éligibles**, en prenant en compte le droit (moyen) présumé de l'assujetti à bénéficier de la déduction de la TVA/TPS payée en amont. Dans le cadre de ce régime, les assujettis éligibles facturent la TVA/TPS à un taux spécifique (inférieur à la normale), mais ils ne pourront pas prétendre à une déduction de la TVA/TPS payée sur leurs intrants. Les taux fixes pour déterminer l'exigibilité de la TVA/TPS dans le cadre de ce régime d'imposition forfaitaire sont conçus pour refléter le taux de TVA/TPS effectif moyen dans les secteurs pertinents, en s'appuyant sur une estimation de la déduction moyenne de la TVA/TPS sur les intrants dans ces secteurs. La variation des taux fixes applicables sera notamment pertinente dans l'économie du partage/à la demande, où les activités à forte intensité de main-d'œuvre peuvent généralement être soumises à une TVA/TPS en amont moins élevée que les secteurs à forte intensité de capitaux (basés sur des actifs), ce qui pourrait potentiellement justifier l'application de taux fixes différents. La détermination de ces taux fixes nécessite une bonne compréhension de l'écosystème dans lequel opèrent ces acteurs de l'économie du partage/à la demande, et donc une consultation étroite des parties prenantes impliquées. Il est toutefois reconnu que la variation des taux d'imposition fixes entre les différents secteurs de l'économie du partage/à la demande peut créer des distorsions et des

problèmes politiques dans les cas où un fournisseur de l'économie du partage/à la demande est impliqué dans plusieurs activités qui peuvent être soumises à différents taux fixes.

- **Un régime forfaitaire**, dans le cadre duquel l'exigibilité à la TVA/TPS des assujettis éligibles est déterminée sur une base forfaitaire plutôt qu'en s'appuyant sur le processus normal basé sur les transactions réelles des assujettis. Ce régime de paiement forfaitaire se fonde uniquement sur un certain nombre d'indicateurs spécifiques par type de marchandise, par exemple le type de biens immobiliers proposés à la location à court terme, le nombre de trajets effectués, etc.
- **L'application d'un régime de remboursement de la TVA/TPS payée en amont/de récupération de la TVA/TPS via la déclaration de revenus du fournisseur**. Dans le cadre de ce régime, les assujettis facturent le taux de TVA/TPS normal sur leurs transactions, mais le crédit sur/la déduction de la TVA en amont est calculé(e) en se basant sur les charges fiscales (majorées) déclarées par les assujettis via leurs déclarations de revenus, c'est-à-dire que ces charges majorées servent de base/de variable indicative pour la récupération de la TVA/TPS. Cela pourrait être étayé par l'utilisation des taux standard du marché pour déterminer le taux de remboursement majoré correct. Cette approche peut permettre de simplifier le respect des obligations en matière de TVA/TPS pour les fournisseurs éligibles et les inciter davantage à remplir leurs déclarations de revenus pour bénéficier du remboursement de leur TVA/TPS en amont. Elle peut ainsi encourager l'engagement des fournisseurs vis-à-vis du système fiscal en général et améliorer l'intégrité de celui-ci.

Ces régimes ont le potentiel de simplifier la mise en conformité pour les petits opérateurs de l'économie du partage/à la demande, tout en améliorant la neutralité concurrentielle en les faisant entrer dans le système de TVA/TPS et en les obligeant à appliquer à leurs ventes le taux normal de TVA/TPS. Il est toutefois possible que la neutralité ne puisse pas être entièrement atteinte dans le cadre des variantes « à taux fixe » et « forfaitaire » du régime d'imposition forfaitaire, dans la mesure où les acteurs non éligibles qui exercent des activités économiques similaires devront facturer le taux de TVA/TPS (très probablement plus élevé) qui s'applique normalement à cette activité. Ces variantes peuvent toutefois refléter un compromis entre, d'une part, faire entrer les fournisseurs de l'économie du partage/à la demande dans le système de TVA/TPS et, d'autre part, réduire la charge administrative pour les micro-entreprises et les PME. Il est possible d'améliorer la neutralité en permettant à toutes les entreprises qui exercent des activités économiques équivalentes (acteurs traditionnels, mais également relevant de l'économie du partage/à la demande) et qui répondent aux critères pertinents d'accéder à ces régimes.

Une juridiction peut également envisager de coupler l'utilisation d'un régime d'imposition forfaitaire avec un rôle de collecte et/ou de responsabilité quant à la TVA/TPS dévolu à des autres acteurs de la chaîne d'approvisionnement de l'économie du partage/à la demande (par exemple les plateformes numériques), le cas échéant (voir les points 3.2.4, 3.3.6 et 3.3.7).

Considérations supplémentaires relatives à la conception et au fonctionnement

Le chiffre d'affaires (par exemple celui de l'exercice précédent) est le critère le plus courant pour déterminer l'éligibilité à un régime d'imposition forfaitaire. Sa capacité d'attraction dépendra du fait que la quasi-totalité des assujettis concernés aient une idée générale de la valeur attendue de ses activités, le rendant ainsi relativement facile à utiliser et à respecter. Même si d'autres indicateurs spécifiques peuvent également être pris en compte pour déterminer l'éligibilité à un régime d'imposition forfaitaire (par exemple le type de propriétés proposées à la location à court terme, le nombre de trajets effectués, etc.), il est admis que ces indicateurs peuvent contribuer à augmenter la complexité ainsi que la charge administrative associée.

Ces régimes pourraient être considérés comme des régimes d'adhésion. Certaines entreprises peuvent préférer déclarer avec précision la TVA/TPS qu'elles ont effectivement encourue en vertu des règles normales, notamment dans les cas où un investissement initial élevé est nécessaire pour une activité de l'économie du partage/à la demande (par exemple quand les plateformes demandent aux chauffeurs d'utiliser des véhicules relativement neufs qui répondent à des normes spécifiques), ou encore quand elles opèrent principalement pour des clients professionnels. Elles peuvent choisir d'appliquer le régime normal plutôt qu'un régime d'imposition forfaitaire. Il est nécessaire de faire preuve de prudence pour éviter toute utilisation abusive des régimes d'adhésion par des fournisseurs peu scrupuleux qui peuvent utiliser ces régimes sur une base *ad hoc* pour obtenir des avantages injustifiés. C'est pour cette raison qu'une mesure possible pour lutter contre ces utilisations abusives peut consister à imposer une durée minimale pendant laquelle les assujettis qui ont opté pour un régime doivent le conserver.

Si les régimes d'imposition forfaitaire, qui associent simplification, flexibilité des taux fixes variables et indicateurs par secteur/activité, peuvent sembler intéressants pour faciliter la mise en conformité dans un environnement en constante évolution comme celui de l'économie du partage/à la demande, il convient de faire preuve d'une grande prudence afin de s'assurer que ces régimes ne réduisent pas l'intégrité du système fiscal en créant des risques supplémentaires d'évasion fiscale et/ou en générant des charges liées à la l'administration et à la mise en conformité. En effet, la nécessité pour une entreprise de contrôler le respect des critères d'éligibilité, de comprendre les différentes règles applicables et d'évaluer en permanence les avantages des régimes simplifiés par rapport au régime normal pourrait générer de la complexité qui viendrait contrebalancer les avantages liés à la simplification pour les assujettis éligibles. Les clients professionnels qui établissent des transactions avec des fournisseurs opérant dans le cadre d'un régime d'imposition forfaitaire peuvent également être concernés par cette complexité et être confrontés à des coûts supplémentaires de mise en conformité, car les montants de la TVA/TPS déductible sur les fournitures concernées varieront selon le taux de TVA/TPS qui s'applique dans le cadre du régime d'imposition forfaitaire du fournisseur. Les clients professionnels peuvent rencontrer des difficultés à adapter leurs systèmes de comptabilité pour faire face à cette complexité et choisir de ne pas établir de contrats avec des fournisseurs opérant dans le cadre d'un régime d'imposition forfaitaire. Il est donc important de contrôler régulièrement l'efficacité des régimes d'imposition forfaitaire de TVA/TPS et de consulter les secteurs impliqués afin de s'assurer de bien comprendre les tendances émergentes, les opportunités et les difficultés liées à leur fonctionnement.

3.2.3. Mesures visant à simplifier l'assujettissement, la comptabilité et la déclaration

Cette section décrit un certain nombre d'options supplémentaires à prendre en compte par l'administration fiscale pour simplifier l'administration de la TVA/TPS et le respect des obligations en la matière afin de permettre aux nouvelles et souvent petites entreprises opérant dans l'économie du partage/à la demande d'entrer dans le système de TVA/TPS. Ces mesures visent principalement à rendre les procédures de conformité fiscale plus simples et plus transparentes. La simplification des obligations en matière de mise en conformité peut être un moyen efficace de faire respecter ces obligations, en particulier pour les petites entreprises qui peuvent être moins en mesure de le faire.

Assujettissement à la TVA/TPS

Les juridictions sont invitées à recourir à la technologie pour faciliter l'assujettissement. Cela peut inclure la possibilité pour les assujettis de gérer leur assujettissement en ligne via un portail web unique ; le fait de limiter les documents papier demandés ; et la mise à disposition d'une assistance en ligne aux assujettis. Dans le cadre d'une approche pangouvernementale, l'assujettissement à la TVA/TPS pourrait être intégré au processus d'assujettissement d'autres organismes/entités publics (une approche de « guichet unique », avec un seul système d'assujettissement remplissant plusieurs objectifs).

Mesures visant à simplifier la comptabilité et la déclaration

Les mesures visant à simplifier la comptabilité et la déclaration que les juridictions peuvent vouloir envisager sont notamment les suivantes :

- *limiter les obligations en matière de déclaration et de tenue de comptabilité imposées aux assujettis à ce qui est strictement nécessaire pour calculer l'exigibilité de la TVA/TPS finale ;*
- *limiter l'obligation des assujettis de produire des factures normales*, sauf dans les cas où le client en fait la demande expresse ;
- *réduire les exigences en matière de fréquence de dépôt.* La réduction de la fréquence à laquelle la TVA/TPS doit être déposée et payée est susceptible de réduire les coûts de mise en conformité et de soutenir la trésorerie des assujettis éligibles. Il est toutefois admis que la réduction de la fréquence de dépôt et de paiement (sur une base annuelle, par exemple) peut augmenter le risque que l'assujetti ne soit pas en capacité de s'acquitter d'un montant élevé de TVA/TPS, et donc qu'une analyse régulière du profil de risque des contribuables pourrait être utile dans le cadre de cette approche ;
- *Autoriser l'utilisation facultative de régimes de comptabilité de caisse,* c'est-à-dire des régimes qui permettent aux assujettis de reporter les paiements de la TVA/TPS jusqu'à ce qu'ils aient encaissé le paiement de leurs clients. Ces régimes peuvent contribuer à soutenir la trésorerie des assujettis tout en simplifiant la comptabilité de leur TVA/TPS et en fournissant un mécanisme d'allégement fiscal pour créance douteuse. Ils s'accompagnent souvent d'une restriction sur la déduction de la TVA payée en amont jusqu'à ce que la TVA/TPS en amont due ait été acquittée, ce qui en fait une solution moins intéressante dans certains cas. Il est admis que ces régimes peuvent être moins pertinents pour les fournisseurs de l'économie du partage/à la demande, dans laquelle le paiement est souvent effectué au moment même de la prestation (voire avant) ou peu de temps après ;
- *faciliter l'utilisation de logiciels de déclaration fiscale et de comptabilité par les assujettis.* La mise en place de processus électroniques de déclaration et/ou de facturation peut permettre de bénéficier d'une précision et d'une efficacité accrues par rapport aux processus papier, en particulier quand ces solutions peuvent être utilisées pour faciliter et simplifier la mise en conformité fiscale. La familiarité supposée des acteurs de l'économie du partage/à la demande avec la technologie, ainsi que l'accès à cette technologie dont ils peuvent bénéficier via les plateformes de l'économie du partage par lesquelles passent leurs activités, peuvent créer d'importantes opportunités pour l'utilisation des logiciels de comptabilité et de déclaration dans le but de faciliter la mise en conformité avec les obligations en matière de TVA/TPS. Cela peut inclure l'utilisation d'un logiciel de comptabilité permettant aux micro et petites entreprises d'enregistrer leurs transactions Business-to-Consumer (B2C) en ligne et en temps réel, ainsi que de générer des déclarations de revenus préremplies. Ces solutions peuvent également inclure des caisses enregistreuses virtuelles à bas coût nécessitant une infrastructure informatique de base, par exemple uniquement un téléphone mobile (un appareil dont disposent souvent les fournisseurs de l'économie du partage/à la demande). Le rapport du Forum de l'OCDE sur l'administration fiscale intitulé *Implementing Online Cash Registers: Benefits, Considerations and Guidance* présente un grand intérêt dans ce contexte et fournit d'autres informations utiles à prendre en compte par les juridictions concernées (OECD, 2019[2]).

Concernant le développement de ces logiciels, il sera généralement utile d'établir une coopération étroite avec les développeurs et éditeurs de logiciels afin de déterminer les informations requises et d'identifier les exigences des règles fiscales qui doivent être intégrées aux logiciels à utiliser par les assujettis.

Ces logiciels de comptabilité peuvent permettre de préremplir les déclarations (simplifiées) de TVA/TPS et les listes des transactions à envoyer à l'administration fiscale, et donc de gagner en productivité et en exactitude. Compte tenu des avantages potentiels de ces logiciels et de la réduction des coûts de mise en conformité associés pour les assujettis ayant une capacité limitée à respecter leurs obligations, les juridictions peuvent envisager de les mettre gratuitement à la disposition des assujettis afin de favoriser et d'encourager leur utilisation.

3.2.4. Mécanismes de collecte de la TVA/TPS par paiement scindé/retenue à la source

Les expressions « paiement scindé » et « retenue à la source » sont utilisées indifféremment dans cette section pour désigner un mécanisme de collecte par lequel la TVA/TPS due sur une transaction de l'économie du partage/à la demande est collectée/retenue à la source par une autre partie de la chaîne d'approvisionnement pour le compte du fournisseur sous-jacent de services de partage/à la demande concerné.

Cette section examine la mise en application d'un mécanisme de collecte par paiement scindé/retenue à la source impliquant (i) des intermédiaires financiers et (ii) le client professionnel dans une chaîne d'approvisionnement de l'économie du partage/à la ressource.

Paiement scindé/retenue à la source de la TVA/TPS par des intermédiaires financiers

Dans le cadre d'un mécanisme de collecte par paiement scindé/retenue à la source impliquant des intermédiaires financiers[3] issus de la chaîne d'approvisionnement de l'économie du partage/à la demande, il est demandé à ces derniers de scinder/retenir à la source la TVA/TPS due sur le prix total payé par le client au fournisseur pour une prestation au titre de l'économie du partage/à la demande au moment du traitement du paiement.

Ce régime peut sembler être une approche intéressante, et ce pour un certain nombre de raisons. Il peut contribuer à simplifier la comptabilité de la TVA/TPS pour les assujettis, particulièrement dans les cas où les transactions sont effectuées par voie numérique (par exemple commande et paiement en ligne pour un service de transport). Pour l'administration fiscale, il réduit les risques de pertes de recettes de TVA/TPS dues au non-respect des obligations, à la fraude ou à l'insolvabilité, car ce ne sont pas les assujettis qui gèrent la TVA/TPS. Diverses difficultés et faiblesses systémiques ont toutefois été identifiées, qui peuvent limiter considérablement l'efficacité ou même la faisabilité opérationnelle de ce régime. Ces difficultés sont notamment les suivantes :

- Les intermédiaires financiers peuvent ne pas disposer de toutes les informations nécessaires pour remplir correctement l'obligation de paiement scindé ou de retenue à la source. Cela inclut notamment les informations relatives au taux de TVA/TPS pour les juridictions qui appliquent plusieurs taux ; les éventuelles exemptions ; les informations détaillées sur le calcul des prix ; si un paiement est soumis à l'obligation de paiement scindé/de retenue à la source (par exemple parce que le destinataire du paiement n'est pas la personne redevable de la TVA/TPS). En outre, un intermédiaire financier ne sera généralement pas en capacité de traiter les aspects liés à la TVA/TPS d'un remboursement intégral ou partiel. Pour remédier à ces difficultés, le fournisseur de l'économie du partage/à la demande (ou la personne redevable de la TVA/TPS) aurait besoin d'utiliser un compte bancaire dédié pour ses activités liées à l'économie du partage/à la demande, en partant du principe que tous les paiements effectués sur ce compte sont soumis à l'obligation de paiement scindé/de retenue à la source à un taux de TVA/TPS donné. Les plateformes de l'économie du partage/à la demande peuvent conditionner leur accès par les fournisseurs à l'utilisation de ce compte bancaire dédié afin de s'assurer que lesdits fournisseurs respectent leurs obligations en matière de TVA/TPS.
- Étant donné qu'il arrive souvent que plusieurs intermédiaires financiers soient impliqués dans les chaînes d'approvisionnement de l'économie du partage/à la demande (société de carte de crédit, prestataire de services de paiement, banque du client, banque du fournisseur, etc.), il sera souvent difficile pour chacun de ces intermédiaires de savoir s'il est ou non soumis à une obligation de paiement scindé/de retenue à la source. Il sera nécessaire de définir des règles claires à cet égard, ce qui va inévitablement contribuer à augmenter encore la complexité.
- L'administration fiscale doit pouvoir accéder aux informations afin de contrôler le respect de l'obligation de paiement scindé ou de retenue à la source, ainsi que pour s'assurer du bon

traitement de TVA/TPS des transactions qui ne sont pas concernées par le régime de paiement scindé/de retenue à la source (par exemple parce que d'autres mécanismes de paiement ont été utilisés) et des remboursements de la TVA/TPS pour les transactions annulées ou remboursées. L'administration fiscale peut avoir besoin de s'adresser à la plateforme de l'économie du partage/à la demande ou à d'autres parties pour se faire une idée complète de la situation en ce qui concerne le respect des obligations.

- Les assujettis peuvent rencontrer des difficultés pour adapter leur déclaration de TVA/TPS ainsi que le calcul de l'exigibilité de la TVA/TPS en ce qui concerne les transactions pour lesquelles la TVA/TPS a déjà été versée à l'administration fiscale via le régime de paiement scindé/de retenue à la source. Les assujettis peuvent être dispensés de l'obligation de déclarer les transactions soumises au régime de paiement scindé/de retenue à la source, mais cela risque de limiter l'accès de l'administration fiscale aux informations potentiellement nécessaires pour garantir un suivi et une vérification appropriés (voir paragraphe précédent). Les administrations fiscales vont devoir travailler en étroite collaboration avec les développeurs de logiciels de comptabilité afin de garantir le bon traitement des aspects de TVA/TPS concernés pour les transactions soumises à un régime de paiement scindé/de retenue à la source.
- Un mécanisme de paiement scindé/de retenue à la source réduit le montant de la TVA/TPS en aval de l'assujetti, ce qui peut s'avérer problématique pour les assujettis qui supportent régulièrement une TVA/TPS en amont déductible. Étant donné qu'il y aura moins de TVA/TPS en aval pour compenser la TVA/TPS en amont déductible, ces assujettis peuvent se retrouver en situation de crédit d'impôt structurel. Il peut en résulter des pressions de trésorerie particulièrement difficiles à supporter pour les opérateurs de l'économie du partage/à la demande. Ces conséquences négatives pourraient être atténuées en limitant l'obligation de paiement scindé/de retenue à la source à une partie seulement du montant de la TVA/TPS, de sorte qu'une part de la TVA/TPS en aval puisse toujours être utilisée par le fournisseur pour compenser la TVA/TPS en amont déductible, mais cela présenterait l'inconvénient de complexifier encore davantage le système.
- Les coûts de mise en conformité et les risques associés peuvent être considérables pour les intermédiaires financiers, une situation qui peut se répercuter sur les opérateurs et les clients de l'économie du partage/à la demande.
- Un régime de paiement scindé/de retenue à la source est susceptible d'encourager le recours à des solutions de paiement alternatives qui ne font pas partie du système bancaire traditionnel et/ou national (le cas échéant), et qui peuvent échapper à l'obligation de collecte qui est généralement imposée aux banques nationales et autres intermédiaires se trouvant dans la juridiction d'imposition. Il peut également encourager le recours au paiement en liquide, qui reste la principale modalité de paiement dans plusieurs juridictions (notamment dans les économies en développement).
- Ce régime peut avoir un impact pour les clients, qui peuvent notamment rencontrer des difficultés pour se faire rembourser intégralement en cas d'erreurs ou de transaction annulée.

S'il apparaît clairement que le fonctionnement du paiement scindé/de la retenue à la source en tant que mécanisme de collecte principal ne va pas sans difficultés, une juridiction peut souhaiter mettre en place un rôle de collecte pour les intermédiaires financiers comme solution de repli pour renforcer l'application des règles dans les cas où la personne qui est le principal redevable de la TVA/TPS ne respecte pas ses obligations en matière de TVA/TPS (voir le chapitre 4).

Paiement scindé/retenue à la source de la TVA/TPS par les clients professionnels

Les utilisateurs des services proposés dans le cadre de l'économie du partage/à la demande sont principalement des particuliers, comme expliqué au chapitre 1. Mais les clients professionnels utilisent également ces services, une tendance qui peut se renforcer avec le temps, alors que l'économie du partage/à la demande continue à se développer et à se démarquer. Dans ce contexte, les paragraphes ci-après examinent la possibilité de mise en application d'un régime de paiement scindé/de retenue à la source pour permettre aux clients professionnels de collecter la TVA/TPS sur les transactions réalisées dans le cadre de l'économie du partage/à la demande.

Dans le cadre de ce mécanisme, le client professionnel d'une transaction relevant de l'économie du partage/à la demande fait office d'agent chargé de la collecte du paiement scindé/de la retenue à la source en séparant le montant de la TVA/TPS due sur cette transaction du prix net au moment du paiement et en versant le montant de cette TVA/TPS à l'administration fiscale. Si le client est une entreprise entièrement assujettie à l'impôt, il est alors autorisé à déduire la TVA/TPS qu'il a scindée et versée à l'administration fiscale, conformément aux règles normales de TVA/TPS. Ce système est similaire à un mécanisme d'autoévaluation/d'autoliquidation, avec toutefois un certain nombre de différences. L'impact sur la trésorerie d'un régime de paiement scindé/de retenue à la source diffère en ce que le client professionnel verse effectivement la TVA/TPS due sur la transaction réalisée dans le cadre de l'économie du partage/à la demande à l'administration fiscale et la déduit séparément via sa déclaration de TVA/TPS (contrairement à ce qui se passe avec un régime d'autoévaluation/d'autoliquidation, où la TVA/TPS est normalement déclarée comme due et déductible dans la même déclaration). L'exigibilité de la TVA/TPS peut également être différente dans la mesure où, dans un régime de paiement scindé/de retenue à la source, elle reste normalement au niveau du fournisseur, tandis que dans un mécanisme d'autoévaluation/d'autoliquidation, elle relève du client professionnel.

Ce régime peut être particulièrement utile pour faciliter la mise en conformité des fournisseurs de l'économie du partage/à la demande qui traitent principalement avec des clients professionnels. Il peut s'agir, par exemple, des livreurs de repas à domicile qui traitent directement avec des restaurants et/ou une plateforme numérique pour la livraison de nourriture ; ou encore des propriétaires de biens immobiliers (appartements, maisons) qui louent leurs biens directement à une chaîne d'hôtels, laquelle propose ensuite des séjours aux consommateurs finaux. Dans ces exemples, avec un régime de paiement scindé/de retenue à la source, il serait demandé au restaurant et à l'hôtel de fractionner/retenir à la source la TVA/TPS due sur la transaction conclue auprès du fournisseur de l'économie du partage/à la demande (le livreur de repas à domicile et le propriétaire du bien immobilier) et de la verser à l'administration fiscale. La fonction d'agent chargé de la collecte du paiement scindé/de la retenue à la source peut également être assurée par les plateformes numériques qui agissent en qualité de mandant dans une transaction réalisée dans le cadre de l'économie du partage/à la demande, c'est-à-dire qui reçoivent la marchandise ou la prestation du fournisseur de l'économie du partage/à la demande avant de la fournir au client final en leur nom propre.

Cette approche libère le fournisseur de l'économie du partage/à la demande de la charge de devoir collecter et verser la TVA/TPS sur ses transactions en transférant au client professionnel la responsabilité du paiement de la TVA/TPS. Elle peut généralement être considérée comme une solution réalisable et adaptée, car on peut supposer que les clients professionnels disposeront des informations nécessaires pour prendre la bonne décision d'imposition, et qu'ils gardent le contrôle sur le paiement. Il serait raisonnable de renforcer la simplification de la mise en conformité pour les fournisseurs de l'économie du partage/à la demande se trouvant sous ce régime en rendant les clients professionnels redevables de la TVA/TPS sur la transaction en lieu et place du fournisseur. Cela permettrait d'affranchir le fournisseur d'avoir à vérifier si le paiement de la TVA/TPS a bien été effectué par ses clients professionnels, condition qui détermine le respect de son assujettissement à la TVA/TPS.

Cette approche du paiement scindé/de la retenue à la source peut être intéressante pour un certain nombre de raisons. Elle peut permettre de simplifier le respect des obligations en matière de TVA/TPS pour les fournisseurs de l'économie du partage/à la demande qui peuvent avoir des capacités limitées en la matière, et ainsi augmenter les niveaux de conformité généraux pour l'administration fiscale. Elle facilite également la déduction de la TVA/TPS pour les clients professionnels (car ces derniers ont accès aux justificatifs nécessaires pour le paiement de la TVA/TPS), tout en réduisant les risques de fraude liés à la déduction de TVA/TPS non payée. Pour l'administration fiscale, les coûts associés à l'administration de la TVA/TPS et les risques de non-conformité sont réduits, car la TVA/TPS est collectée auprès d'un nombre relativement réduit d'entreprises qui sont généralement en mesure de respecter leurs obligations (par exemple les restaurants, les hôtels ou les plateformes), et non auprès d'un grand nombre de (souvent petits) fournisseurs de l'économie du partage/à la demande.

Avant d'envisager de mettre en œuvre un régime de paiement scindé/de retenue à la source, l'administration fiscale peut avoir intérêt à prendre en compte les aspects suivants :

- Si on peut généralement partir du principe que les clients professionnels ont accès à toutes les informations nécessaires pour remplir leurs obligations de paiement scindé/de retenue à la source et qu'ils sont en mesure de respecter cette obligation, ce n'est pas toujours le cas, notamment pour les petites entreprises et les entreprises non résidentes. L'administration fiscale peut donc envisager d'exclure les petites entreprises et les entreprises non résidentes de l'obligation de paiement scindé/de retenue à la source.
- Des règles claires seront nécessaires pour permettre aux clients professionnels d'identifier facilement les transactions pour lesquelles ils sont soumis à une obligation de paiement scindé/de retenue à la source, ainsi que de distinguer ces transactions de celles qui n'entrent pas dans le champ d'application. Cela peut notamment nécessiter d'identifier clairement les secteurs ou les catégories de transactions qui entrent dans le champ d'application du régime de paiement scindé/de retenue à la source.
- Un mécanisme de paiement scindé/de retenue à la source réduit le montant de la TVA/TPS en aval pour les fournisseurs qui sont placés sous ce régime, abaissant ainsi le montant de la TVA/TPS par rapport auquel la TVA/TPS en amont déductible peut être créditée. Il peut en résulter des pressions de trésorerie pour les très petites entreprises qui supportent régulièrement une TVA/TPS en amont déductible. L'administration fiscale peut envisager des moyens de garantir un processus simple et rapide pour rembourser ces excédents de TVA/TPS en amont.
- La conformité à un régime de paiement scindé/de retenue à la source peut être encore davantage simplifiée en associant à ce régime des obligations simplifiées en matière de comptabilité et de déclaration pour les fournisseurs de l'économie du partage/à la demande (voir la section 3.2.3 ci-dessous) et/ou un régime d'imposition forfaitaire (qui élimine la nécessité pour les fournisseurs de l'économie du partage/à la demande d'établir une demande de déduction de la TVA/TPS en amont pour les éléments de charges individuels).

3.2.5. La collecte des données basée sur la technologie pour faciliter l'administration de la TVA/TPS

La technologie fait partie intégrante de l'économie du partage/à la demande. La section 3.2.3. a examiné le rôle de la technologie pour promouvoir et faciliter le respect des obligations, notamment grâce à l'utilisation de logiciels fiscaux et de processus numériques d'assujettissement et de déclaration. Cette section s'intéresse plus particulièrement à l'utilisation de la technologie pour la collecte des données par l'administration fiscale, l'objectif étant d'améliorer la gestion des risques de conformité et de faciliter le respect des obligations pour les acteurs de l'économie du partage/à la demande.

Les technologies de l'information peuvent être utilisées pour faciliter la collecte des données et ainsi appuyer l'administration de la TVA/TPS et la gestion des risques au sein de l'économie du partage/à la demande. De nombreuses techniques informatiques sont disponibles pour les administrations de la TVA/TPS, comme les outils de web scraping ou de web crawling qui permettent de surveiller l'économie du partage/à la demande. Ces outils peuvent être utilisés par les administrations fiscales pour rechercher sur Internet les sites qui proposent ou font la promotion des activités de l'économie du partage/à la demande ou pour extraire (« scrape ») des informations relatives à la TVA/TPS d'un certain nombre de sources publiques (y compris de sites gérés par des plateformes de l'économie du partage/à la demande). Ces outils peuvent être développés ou personnalisés en interne afin de prendre en compte les caractéristiques spécifiques des données à collecter sur certaines plateformes ou auprès de tiers. Ces données collectées sur Internet peuvent inclure des informations sur les transactions individuelles, notamment l'identité d'un fournisseur de l'économie du partage/à la demande, ou encore des coordonnées telles qu'un numéro de téléphone ou une adresse électronique, qui permettent à l'administration fiscale d'identifier les fournisseurs (par exemple en procédant à la vérification automatique du numéro de téléphone dans des annuaires téléphoniques).

Ces données peuvent être utilisées dans le cadre d'un certain nombre d'actions menées par l'administration, notamment :

- le suivi du développement de l'économie du partage/à la demande, y compris l'émergence de nouveaux secteurs, l'évolution des secteurs existants et de leurs modèles d'activité, ainsi que les risques associés en matière de respect des obligations et de recettes ;
- le renforcement de la capacité d'analyse des risques en matière de TVA/TPS liés à l'économie du partage/à la demande via le recours à l'analyse de données, notamment pour identifier les assujettis et/ou les segments d'assujettis qui peuvent avoir besoin d'une approche ciblée ;
- l'analyse de l'impact des évolutions de la politique fiscale sur le respect des obligations et le comportement des assujettis, par exemple les changements apportés aux seuils d'assujettissement ou de collecte, ou encore à la fréquence de dépôt de la déclaration et de paiement de la TVA/TPS ;
- le lancement de campagnes d'information visant à renforcer le respect volontaire des obligations par les opérateurs de l'économie du partage/à la demande, y compris en entrant directement en contact avec les fournisseurs de l'économie du partage/à la demande (par exemple via des lettres, des messages électroniques ou les réseaux sociaux). Concernant l'utilisation de la technologie à l'appui de l'éducation et de la diffusion des informations visant à promouvoir le respect des obligations, voir la section 3.2.7 ci-dessous.

Il convient de mettre en lumière un certain nombre de difficultés et de limites associées à la collecte de ces données, à leur qualité et à leur utilisation par l'administration fiscale, en particulier :

- l'administration fiscale peut ne pas avoir accès aux informations relatives à la TVA/TPS tant que la transaction n'a pas eu lieu (par exemple, l'adresse d'un bien immobilier proposé à la location à court terme peut ne devenir disponible qu'une fois qu'une réservation a été effectuée via une plateforme de réservation) ;
- l'administration fiscale peut ne pas être en mesure d'utiliser immédiatement les données collectées sur Internet, mais il lui faudra avant tout vérifier leur fiabilité et les transformer en un ensemble de données présentant la bonne structure pour soutenir l'analyse des données (notamment avec la possibilité d'identifier les assujettis uniques), et enfin s'assurer, le cas échéant, que ces données sont stockées de façon sécurisée. Ces processus impliquent de recruter et former du personnel compétent, et ils peuvent demander beaucoup de ressources ;
- les outils de web scraping utilisés pour extraire les informations des sites Internet et des plateformes peuvent avoir besoin d'être adaptés pour chaque site ou plateforme. Les difficultés rencontrées peuvent inclure l'utilisation par les plateformes ou les sites de techniques (par exemple les mécanismes « captcha ») visant à empêcher l'extraction automatique des informations par leurs concurrents, ainsi que de techniques permettant de protéger l'identité des fournisseurs à l'origine des offres disponibles sur leur plateforme.

Pour faire face à ces difficultés et limites, l'administration fiscale est invitée à consulter les plateformes de l'économie du partage/à la demande et d'autres parties prenantes susceptibles de détenir des informations utiles (par exemple les intermédiaires financiers) dans le but d'améliorer le potentiel et l'efficacité de la collecte de données basée sur la technologie. Il peut également s'agir de consulter les développeurs et les éditeurs des logiciels fiscaux et de comptabilité (lesquels peuvent être certifiés par l'administration fiscale) pour s'assurer que les données relatives à la TVA/TPS sont structurées de façon à permettre la transmission directe à l'administration fiscale sans qu'aucune manipulation supplémentaire soit nécessaire, ou encore que ces données peuvent être collectées directement par l'administration fiscale depuis les systèmes des assujettis, par exemple au moyen d'une API (Application Programming Interface).

Dans l'ensemble, les nouvelles technologies informatiques peuvent faciliter la transition entre les processus traditionnels de déclaration et d'évaluation et des outils davantage axés « compliance-by-design » (conformité dès la conception)[4], qui présentent un excellent potentiel pour faciliter la conformité et l'administration tout en réduisant drastiquement les opportunités de non-respect des obligations.

3.2.6. Obligations de déclaration pour les tiers

La section 3.2.5. examine la possibilité d'utilisation de la technologie par l'administration fiscale pour collecter les données relatives à la TVA/TPS sur Internet afin d'améliorer la gestion des risques de non-respect des obligations au sein de l'économie du partage/à la demande et de faciliter le respect des obligations pour les acteurs de l'économie du partage/à la demande. Le chapitre 4 analyse plus en détail le rôle des données à l'appui du suivi de l'application des règles et du respect des obligations.

Cette section s'intéresse de façon plus poussée à la possibilité pour l'administration fiscale de collecter des informations via une obligation de déclaration imposée à d'autres parties prenantes des chaînes d'approvisionnement de l'économie du partage/à la demande que les personnes qui sont responsables de la collecte et du paiement de la TVA/TPS sur une transaction réalisée dans le cadre de l'économie du partage/à la demande.

Ces tiers qui participent aux activités de l'économie du partage/à la demande peuvent être les intermédiaires financiers, les plateformes de l'économie du partage/à la demande ou des parties agissant pour le compte d'un fournisseur de l'économie du partage/à la demande (par exemple des agents immobiliers qui administrent des biens immobiliers pour le compte de plusieurs propriétaires et qui peuvent passer des contrats directement avec les plateformes de l'économie du partage/à la demande). La section 3.3. de ce chapitre présente une analyse détaillée du rôle des plateformes de l'économie du partage/à la demande dans les stratégies de collecte des données de l'administration fiscale. Cela inclut notamment un examen détaillé de la dimension orientée TVA/TPS des *Règles types de déclaration à l'intention des vendeurs relevant de l'économie du partage et de l'économie à la demande*, qui ont été publiées par l'OCDE en 2020 (OCDE, 2020[3]).

Avant d'envisager de mettre en place des obligations de déclaration pour ces tiers, il est important que l'administration fiscale fasse l'inventaire des informations relatives à la TVA/TPS qui sont déjà disponibles via d'autres sources, en particulier les informations déclarées par les principaux acteurs de la chaîne d'approvisionnement de l'économie du partage/à la demande (fournisseurs et plateformes de l'économie du partage/à la demande), dont on peut supposer qu'ils sont les mieux placés pour fournir suffisamment d'informations exactes et pertinentes. (voir les éléments d'information disponibles à l'annexe D). Cela permettra de réduire les risques de duplication et la complexité dans le cadre des obligations de déclaration.

Les principes généraux de conception de la politique TVA/TPS suivants peuvent être utiles aux administrations fiscales lors de la conception éventuelle d'obligations d'information par des tiers dans l'économie du partage/à la demande :

- *La définition d'objectifs politiques clairs dans la dérermination du type et de la quantité de données à fournir.* Ce point est essentiel pour assurer un fonctionnement efficace et proportionné des obligations de fourniture d'informations car il est reconnu que les nouvelles exigences en matière de déclaration des données ont un coût non seulement pour l'administration, mais également pour les tierces parties soumises à l'obligation de fournir les données ;

- *l'identification des sources de données adaptées* :Il est important d'identifier les sources de données appropriées afin d'assurer la pertinence des données collectées et pour minimiser la charge administrative associée à cette collecte. A cette fin, les administrations peuvent explorer les opportunités de coopération et d'échange d'informations entres les agences publiques nationales afin de minimiser les risques de duplication inutile des demandes d'information ;
- *Consulter les parties prenantes* concernées/impliquées (y compris les fournisseurs informatiques/logiciels) dès le début du processus afin de garantir une bonne compréhension de leurs processus commerciaux et des informations disponibles et de mettre en place l'environnement approiré (y compris des formats de rapport sécifiques) dans un et de manière proportionée) ;
- *Assurer des ressources humaines et techniques adéquates* pour traiter en toute sécurité les (gros) volumes d'informations collectés et producire une analyse efficace en temps opportun *;*
- *Développer un cadre juridicqe solide* afin de garantir la compatibilité appropriées des règles de déclaration avec d'autres domaines réglementaires (par exemple, la protection des donnés / règles de confidentialité / la concurrence) et de soutenir leur fonctionnement et leur application efficaces ;
- *Tirer parti des solutions technologiques* pour garantir la fiabilité des données transmises et de leur rapports en temps opportun tout en réduisant les coûts d'administration et de conformité. Cela inclut l'utilisation éventuelle d'interfaces de programmation d'applications (API) qui permettent aux systèmes de l'administration d'interagir numériquement avec les systèmes de tiers soumis à des obligations de déclaration ;
- *Maximiser la cohérence entre les jurisdictions* en ce qui concerne les éléments d'information recueillis ainsi que les formats de rapport. Cela facilitera et améliorera la conformité, en particulier pour les tiers qui sont confrontés à des obligations de rapports multi-jurisdictionnelles, réduira les coûts de conformité et améliorera l'efficacité et la qualité des mécanismes de partage de l'information. Pour les autorités fiscales, la cohérence est également susceptible de soutenir uner cooérattion et une application internationales efficaces.

3.2.7. Promotion du respect des obligations via la communication, l'information et l'éducation

Comme expliqué au chapitre 1 de ce rapport, les fournisseurs de l'économie du partage/à la demande peuvent souvent ne pas être pleinement conscients de leurs obligations fiscales et/ou avoir une capacité limitée à respecter ces obligations, car ils peuvent n'avoir qu'un accès partiel à des informations faciles à comprendre et à l'assistance de fiscalistes professionnels. Les actions de l'administration fiscale visant à sensibiliser les acteurs de l'économie du partage/à la demande et à les éduquer sur leurs obligations en matière de TVA/TPS et autres obligations fiscales sont par conséquent d'une grande importance pour promouvoir le respect volontaire des obligations.

Il est reconnu d'emblée que les outils pédagogiques fonctionnent mieux si les règles sont faciles à respecter pour les fournisseurs. Une juridiction peut donc avoir besoin de se concentrer en premier lieu sur la mise en œuvre de mesures de simplification, puis d'appuyer le fonctionnement de ces mesures par l'éducation et la communication.

La communication est essentielle pour permettre aux systèmes fiscaux de promouvoir le respect des obligations. Dans ce contexte, les stratégies de l'administration fiscale incluent généralement la publication d'informations pertinentes concernant les régimes fiscaux ainsi que de conseils relatifs aux obligations et à leur respect sur un site web dédié de l'administration fiscale, mais également des campagnes d'information ciblées, notamment sur les réseaux sociaux. L'administration fiscale peut envisager de créer des pages ou portails web dédié(e)s pour les opérateurs de l'économie du partage/à la demande, dont l'objectif serait de décrire les obligations en matière de TVA/TPS ainsi que les éventuels régimes de simplification disponibles. Les plateformes de l'économie du partage/à la demande pourraient publier des liens vers ces informations sur leur site web.

Les informations théoriques peuvent ne pas toujours suffire, en particulier dans le cadre de la communication avec les fournisseurs de l'économie du partage/à la demande. Des efforts supplémentaires et ciblés de communication et de soutien ont été jugés efficaces pour sensibiliser et appuyer le respect des obligations. Il peut s'agir notamment de la publication de vidéos expliquant les procédures d'assujettissement et de respect des obligations pour la TVA/TPS ; de sessions de formation qui peuvent être organisées en coopération avec les plateformes de l'économie du partage/à la demande ; ainsi que d'une assistance téléphonique dédiée pour répondre à des questions spécifiques.

Les informations fournies par l'administration fiscale doivent bien évidemment être fiables, opportunes, facilement accessibles et simples à comprendre. L'expérience semble indiquer que l'impact et l'utilité des informations relatives à la TVA/TPS peuvent être considérablement renforcés en rendant ces informations disponibles non seulement dans la langue nationale, mais également dans les principales langues d'échange d'une juridiction. Cela peut par exemple faciliter l'éducation des fournisseurs de l'économie du partage/à la demande au sujet de leurs obligations en matière de TVA/TPS par les plateformes de l'économie du partage/à la demande, qui sont souvent établies à l'étranger, et permettre à ces dernières d'aider les fournisseurs de l'économie du partage/à la demande à respecter leurs obligations en matière de TVA/TPS pour les activités qu'ils exercent via leur plateforme.

Les plateformes numériques qui facilitent les activités de l'économie du partage/à la demande ont un rôle important à jouer dans ce contexte, qui est examiné plus en détail à la section 3.3.

3.3. Les rôles potentiels des plateformes numériques pour gérer les incidences de l'économie du partage/à la demande sur la TVA/TPS

Cette section du rapport s'intéresse aux rôles potentiels des plateformes numériques pour renforcer le respect par les fournisseurs de l'économie du partage/à la demande des obligations en matière de TVA/TPS concernant leurs transactions réalisées dans le cadre de l'économie du partage/à la demande. Cette section examine donc les situations dans lesquelles, en vertu des règles normales de TVA/TPS, une plateforme de l'économie du partage/à la demande n'est pas redevable elle-même des obligations en matière de TVA/TPS concernant les activités de l'économie du partage/à la demande qui transitent par elle. Cette section ne s'applique pas aux plateformes qui sont considérées comme le prestataire d'une transaction réalisée dans le cadre de l'économie du partage/à la demande en vertu des règles de TVA/TPS d'une juridiction. Cette section s'applique aux plateformes de l'économie du partage/à la demande qui sont considérées comme agissant en qualité d'agent, y compris aux fins de la TVA/TPS, parce qu'elles rendent possible une interaction directe entre les fournisseurs de l'économie du partage/à la demande et les utilisateurs à propos d'une transaction réalisée dans le cadre de l'économie du partage/à la demande qui est considérée comme ayant lieu entre ces deux parties. En contrepartie, cette plateforme de l'économie du partage/à la demande peut percevoir une rémunération/une redevance soit du fournisseur, soit de l'utilisateur, soit des deux.

Le rapport de l'OCDE sur le rôle des plateformes numériques dans la collecte de la TVA/TPS sur les ventes en ligne publié en 2019 (rapport 2019 sur les plateformes numériques) a examiné un certain nombre de rôles possibles des plateformes numériques dans la collecte de la TVA/TPS sur les ventes en ligne (OCDE, 2019[1]). Ce rapport s'est intéressé en particulier aux ventes par commerce électronique de services et de produits numériques (streaming de musique et de films, logiciels, etc.), ainsi qu'aux ventes en ligne de marchandises (y compris l'importation de petits colis issus de ventes en ligne) (OCDE, 2019[1]). Ce rapport a également pointé le rôle prédominent des plateformes numériques pour l'essor de l'économie du partage/à la demande ainsi que la volonté de l'administration fiscale d'examiner le rôle potentiel des plateformes pour renforcer le respect des obligations en matière de TVA/TPS dans ce contexte (voir la section 1.3.3. du rapport 2019 sur les plateformes numériques) (OCDE, 2019[1]). Il a toutefois reconnu que l'économie du partage/à la demande était un phénomène relativement nouveau, qui évolue rapidement et présente des caractéristiques qui lui sont propres, et donc que des recherches et analyses supplémentaires étaient nécessaires pour étudier l'impact potentiel de son essor sur la politique et l'administration de la TVA/TPS avant de pouvoir tirer des conclusions sur le rôle possible des plateformes numériques pour traiter ces aspects liés à la TVA/TPS (OCDE, 2019[1]). Le rapport 2019 sur les plateformes numériques a donc conclu que des travaux supplémentaires sur l'économie du partage/à la demande seraient réalisés en tant que volet distinct, en concertation avec les parties prenantes de l'économie du partage/à la demande et en prenant en compte les conclusions et recommandations du rapport 2019 (OCDE, 2019[1]).

Le tableau 3.1. ci-dessous répertorie et décrit les principales similitudes et les spécificités de l'économie du partage/à la demande par rapport à l'économie des plateformes numériques au sens large, qui peuvent mériter un examen spécifique lorsqu'il s'agit d'évaluer les rôles potentiels des plateformes de l'économie du partage/à la demande pour la prise en compte des incidences sur la TVA/TPS de l'essor de l'économie du partage/à la demande.

Tableau 3.1. L'économie du partage/à la demande comparée à l'économie collaborative au sens large

Similtudes	Sécificités de l'économie du partage/à la demande
• Les plateformes numériques peuvent jouer un rôle essentiel pour faciliter les transactions grâce à l'utilisation de technologies de pointe. • Les transactions sous-jacentes ne sont pas un phénomène nouveau, mais les moyens par lesquels elles sont réalisées le sont. • Les plateformes sont en contact à la fois avec les fournisseurs sous-jacents et avec les consommateurs. On peut parler de plateformes « multifaces », dans la mesure où elles permettent l'interaction directe entre au moins deux clients ou groupes de participants (généralement des utilisateurs/clients et des fournisseurs), où chaque groupe de participants (« face ») est d'une façon ou d'une autre un client de la plateforme multifaces. • Les plateformes numériques ont accès aux informations relatives à la TVA/TPS dans le cadre de leur activité économique normale. • Les plateformes numériques ne sont généralement pas présentes physiquement dans la juridiction d'imposition. • Les juridictions sont de plus en plus nombreuses à être sur le point de promulguer ou à avoir déjà promulgué des lois qui impliquent les plateformes numériques dans la collecte de la TVA/TPS sur les ventes en ligne.	• L'économie du partage/à la demande implique généralement des transactions réalisées par un grand nombre de nouveaux opérateurs économiques, qui n'exerçaient pas d'activités relevant du champ d'application de la TVA/TPS avant de démarrer leur activité dans le cadre de l'économie du partage/à la demande, et qui peuvent avoir une connaissance limitée de la législation sur la TVA/TPS ainsi qu'une capacité réduite à respecter les obligations en matière de TVA/TPS. • Les fournisseurs de l'économie du partage/à la demande sont souvent des particuliers ou des petites entreprises qui dégagent un chiffre d'affaires relativement modeste de leurs activités exercées dans le cadre de l'économie du partage/à la demande. • Une activité exercée dans le cadre de l'économie du partage/à la demande peut souvent impliquer des volumes importants de transactions à faible valeur (par exemple dans le secteur du transport). • Les fournisseurs sous-jacents de l'économie du partage/à la demande sont souvent présents (d'une façon ou d'une autre) dans la juridiction d'imposition et sont moins susceptibles de fournir leurs services dans plusieurs juridictions. • Les transactions réalisées dans le cadre de l'économie du partage/à la demande impliquent souvent des actifs/capitaux physiques d'une certaine valeur dans la juridiction d'imposition (par exemple un véhicule ou un bien immobilier dans les secteurs actuellement prédominants du transport et du logement). • Les fournisseurs sous-jacents impliqués dans l'économie du partage/à la demande utilisent souvent ces actifs à la fois pour leurs activités exercées dans le cadre de l'économie du partage/à la demande et à des fins privées. • Au lieu de se contenter de simplement prélever la TVA/TPS sur ces activités exécutées dans le cadre de l'économie du partage/à la demande, l'administration fiscale peut poursuivre un (plus) large éventail d'objectifs politiques en matière de TVA/TPS (par exemple le suivi des évolutions du marché).

Les différents rôles joués par les plateformes numériques à l'appui de la collecte de la TVA/TPS tels qu'ils sont identifiés dans le rapport 2019 sur les plateformes numériques sont examinés plus en détail dans cette section, à la lumière des spécificités de l'économie du partage/à la demande décrites ci-dessus (OCDE, 2019[1]). Les rôles suivants joués par les plateformes numériques pour faciliter et renforcer la conformité à la TVA/TPS dans l'économie du partage/à la demande seront plus particulièrement examinés :

- éduquer les fournisseurs de l'économie du partage/à la demande sur leurs obligations en matière de TVA/TPS ;

- communiquer des données à l'administration fiscale pour faciliter le respect des obligations (par exemple en préremplissant les déclarations de TVA/TPS) et/ou éviter le non-respect des obligations par les fournisseurs de l'économie du partage/à la demande ;
- assumer une responsabilité concernant la collecte de la TVA/TPS sur les transactions de l'économie du partage/à la demande qu'elles facilitent.

Le tableau 3.2 ci-dessous présente ces rôles plus en détail, en se concentrant sur leurs caractéristiques principales et les éventuels objectifs politiques que chacun de ces rôles peut traiter. Chacun de ces rôles s'accompagne de ses propres difficultés et opportunités, qui sont examinées plus en détail dans la partie restante de cette section, avec des considérations plus générales en matière de conception.

Si l'ordre dans lequel ces rôles sont présentés et examinés dans cette section n'indique pas de préférence particulière ou de priorité, il repose en revanche sur un certain nombre de considérations, notamment :

- l'éventualité que les juridictions choisissent d'adopter une approche graduelle en matière de politique de TVA/TPS ou une approche sectorielle différenciée, ce qui est susceptible d'avoir une influence sur le rôle potentiel des plateformes de l'économie du partage/à la demande à l'appui de cette politique ;
- l'éventualité qu'une juridiction ne souhaite pas nécessairement collecter la TVA/TPS sur l'ensemble des activités de l'économie du partage/à la demande et souhaite d'abord, par exemple, surveiller ce développement de l'économie et examiner l'éventuelle nécessité d'actions politiques supplémentaires en matière de TVA/TPS ;
- l'éventualité qu'une juridiction préfère limiter la charge administrative pour les plateformes numériques et/ou mettre en œuvre des rôles qui peuvent potentiellement s'appliquer à un plus grand nombre de plateformes ;
- la capacité d'une juridiction à gérer la conformité à la TVA/TPS et sa collecte dans le cadre de l'économie du partage/à la demande en l'absence d'implication des plateformes de l'économie du partage/à la demande dans le processus de TVA/TPS.

Tableau 3.2. Présentation des rôles potentiels des plateformes numériques pour la prise en compte des incidences sur la TVA/TPS de l'économie du partage/à la demande

Rôle	*Description générale*	*Caractéristiques principales et variantes (pas toujours mutuellement exclusives)*	*Objectif politique à atteindre (dépend de la conception)*
Rôle d'éducation et de communication	Les plateformes numériques servent de moyen de communication pour envoyer en temps utile aux fournisseurs des informations exactes sur leurs obligations en matière de TVA/TPS.	Ce rôle peut être rempli soit spontanément par les plateformes numériques, soit en étroite collaboration avec l'administration fiscale. Il a pour objet de compléter plutôt que de remplacer les stratégies de communication déjà utilisées par l'administration fiscale pour informer les assujettis (potentiels) sur leurs obligations.	• Encourager et aider les fournisseurs de l'économie du partage/à la demande à atteindre un niveau de conformité approprié. • Mettre en place des règles du jeu équitables pour les acteurs qui respectent leurs obligations.
Accords formels de coopération	Les accords formels de coopération peuvent être multifacettes dans le sens où ils peuvent combiner un certain nombre de mesures et d'approches visant à impliquer les plateformes numériques dans le respect des obligations en matière de TVA/TPS par les fournisseurs sous-jacents de l'économie du partage/à la demande.	Les accords formels de coopération impliquent généralement : • de partager les informations (à la demande ou régulièrement) ; et • d'éduquer (notamment avec les plateformes qui servent de canal pour communiquer avec les fournisseurs sous-jacents de l'économie du partage/à la demande à propos de leurs obligations en matière de conformité à la TVA/TPS) ; • d'alerter l'administration fiscale et les plateformes, par exemple en cas de	• Encourager/aider les fournisseurs de l'économie du partage/à la demande à respecter leurs obligations. • Mettre en place des règles du jeu équitables pour les acteurs qui respectent leurs obligations. • Améliorer l'efficacité de l'administration fiscale.

Rôle	*Description générale*	*Caractéristiques principales et variantes (pas toujours mutuellement exclusives)*	*Objectif politique à atteindre (dépend de la conception)*
		suspicion de non-respect des obligations et/ou de fraude ; • de répondre rapidement aux notifications de l'administration fiscale concernant les fournisseurs sous-jacents de l'économie du partage/à la demande qui sont jugés en infraction de leurs obligations en matière de TVA/TPS.	
Rôle de partage d'informations	Les plateformes numériques sont tenues par la loi de transmettre à l'administration fiscale les informations pertinentes aux fins de la TVA/TPS, sans pour cela qu'elles soient nécessairement responsables de la collecte et du versement de la TVA/TPS due sur les transactions de l'économie du partage/à la demande ou qu'elles jouent un rôle dans ces processus.	• Transmission des informations à la demande : les plateformes numériques sont tenues de conserver les informations relatives à la TVA/TPS de sorte que celles-ci puissent être mises à la disposition de l'administration fiscale à la demande (par exemple par fournisseur et catégorie de transactions, en cas d'activité suspicieuse, etc.) ; • Transmission systématique des informations : les plateformes numériques sont systématiquement et régulièrement tenues de transmettre à la juridiction d'imposition ou de mettre à sa disposition les informations sur les transactions qui passent par elles.	• Surveiller la taille et les incidences de l'économie du partage/à la demande. • Évaluer les risques potentiels d'érosion de la base d'imposition à la TVA/TPS. • Aider l'administration fiscale à détecter/prévenir les manquements et à identifier les acteurs impliqués. • Encourager/aider les fournisseurs de l'économie du partage/à la demande redevables de la TVA/TPS à respecter leurs obligations. • Mettre en place des règles du jeu équitables pour les acteurs qui respectent leurs obligations.

Rôle	*Description générale*	*Caractéristiques principales et variantes (pas toujours mutuellement exclusives)*	*Objectif politique à atteindre (dépend de la conception)*
Responsabilité conjointe et solidaire	Si le fournisseur de l'économie du partage/à la demande ne respecte pas ses obligations en matière de TVA/TPS, le régime de responsabilité conjointe et solidaire offre la possibilité à l'administration fiscale de déclarer les plateformes qui facilitent les transactions de l'économie du partage/à la demande comme étant conjointement et solidairement responsables de la TVA/TPS due.	• Variante 1 : une plateforme est tenue conjointement et solidairement responsable des montants futurs de TVA/TPS qui ne seraient pas déclarés par ses fournisseurs sous-jacents une fois que l'administration fiscale a détecté ces infractions, qu'elle les a signalées à la plateforme et que cette dernière n'a pas pris les mesures appropriées dans le nombre de jours imparti. Ces mesures prises par la plateforme numérique consistent généralement à garantir le respect de leurs obligations par les fournisseurs sous-jacents ou à les placer sous embargo. • Variante 2 : une plateforme numérique peut être tenue pour conjointement et solidairement responsable des montants de TVA/TPS qu'un fournisseur n'a pas déclarés dans le passé alors qu'elle aurait raisonnablement dû s'attendre, au vu des activités de ce fournisseur sur sa plateforme, à ce que celui-ci se soit immatriculé pour la TVA/TPS alors qu'il ne l'a pas fait. Il revient à la juridiction d'imposition de déterminer	• Encourager/aider les fournisseurs de l'économie du partage/à la demande à respecter leurs obligations. • Mettre en place des règles du jeu équitables avec les acteurs qui respectent leurs obligations.

Rôle	*Description générale*	*Caractéristiques principales et variantes (pas toujours mutuellement exclusives)*	*Objectif politique à atteindre (dépend de la conception)*
		dans quelles circonstances il existe une attente raisonnable.	
Rôle de collecte/retenue	La plateforme de l'économie du partage/à la demande agit pour le compte du fournisseur de l'économie du partage/à la demande pour calculer, collecter et acquitter la TVA/TPS due sur les transactions réalisées en passant par elle.	La plateforme n'encourt pas d'autres responsabilités envers l'administration fiscale que celle de verser la TVA/TPS collectée sur les transactions réalisées par les fournisseurs sous-jacents de l'économie du partage/à la demande. Ces fournisseurs sous-jacents restent redevables de la TVA/TPS envers l'administration fiscale. Selon la conception, le fournisseur sous-jacent peut encore devoir remplir ses obligations de déclaration de TVA/TPS (le seul allégement réside donc dans le versement de la TVA/TPS qui a déjà été collectée et acquittée à l'administration fiscale par la plateforme).	• Encourager/aider les fournisseurs de l'économie du partage/à la demande à respecter leurs obligations. • Mettre en place des règles du jeu équitables avec les acteurs qui respectent leurs obligations.
Rôle de responsabilité intégrale	La plateforme numérique est désignée par la loi comme fournisseur redevable de la TVA/TPS. Dans le cadre de ce rôle, la plateforme numérique est seule et entièrement responsable de l'évaluation et de la collecte de la TVA/TPS afférente à l'activité de l'économie du partage/à la demande qui passe par elle et de son versement à l'administration fiscale de la	La plateforme numérique est intégralement responsable de la TVA/TPS, étant donné qu'elle a elle-même réalisé la prestation du fournisseur de l'économie du partage/à la demande. Le fournisseur sous-jacent de l'économie du partage/à la demande est en principe exonéré de toute responsabilité de TVA/TPS sur ses prestations aux	• Élargir/protéger la base d'imposition. • Mettre en place des règles du jeu équitables pour les opérateurs qui respectent leurs obligations. • Améliorer l'efficacité de l'administration de la TVA/TPS.

Rôle	*Description générale*	*Caractéristiques principales et variantes (pas toujours mutuellement exclusives)*	*Objectif politique à atteindre (dépend de la conception)*
	juridiction d'imposition, conformément à la législation sur la TVA/TPS de cette juridiction. Cette responsabilité est limitée aux seules obligations en matière de TVA/TPS. Elle n'affecte aucun autre aspect de la responsabilité des plateformes de l'économie du partage/à la demande au-delà de la TVA/TPS.	clients/utilisateurs de l'économie du partage/à la demande. • Variante 1 : le rôle de responsabilité intégrale ne s'applique que dans les cas où le fournisseur sous-jacent est considéré comme un assujetti à la TVA/TPS en vertu du droit national. • Variante 2 : le rôle de responsabilité intégrale s'applique quel que soit le statut du fournisseur sous-jacent aux fins de la TVA/TPS en vertu du droit national. Cette variante 2 peut notamment s'appliquer dans les cas où la plateforme est considérée comme étant engagée dans une relation de travail effective avec le fournisseur sous-jacent en vertu du droit du travail applicable. Afin d'éviter une rupture dans la chaîne de paiement scindé, il est possible, dans le régime de responsabilité intégrale pour la TVA/TPS, de considérer que le fournisseur sous-jacent de l'économie du partage/à la demande a effectué sa fourniture à la plateforme numérique, qui elle-même l'a livrée au client/à l'utilisateur.	• Faciliter/renforcer le respect des obligations.

Source : Analyse de l'OCDE.

3.3.1. Portée et fonctionnement de l'implication des plateformes numériques pour gérer les conséquences sur la TVA/TPS de l'économie du partage/à la demande

Quel rôle pour quelle plateforme ? Déterminer l'éligibilité.

Cette partie de l'analyse examine les rôles potentiels des plateformes qui permettent à des groupes de fournisseurs et d'utilisateurs de l'économie du partage/à la demande d'interagir directement et de réaliser des transactions grâce aux technologies avancées que fournissent ces plateformes. Elle s'intéresse plus particulièrement aux plateformes numériques ayant des fonctions dans l'économie du partage/à la demande, qui peuvent jouer un rôle essentiel pour faciliter et renforcer la conformité à la TVA/TPS pour les transactions de l'économie du partage/à la demande.

Dans cette optique, l'analyse se concentre sur les approches qu'une administration fiscale peut utiliser pour identifier les plateformes numériques auxquelles elle souhaite attribuer un rôle potentiel dans le cadre des procédures de conformité à la TVA/TPS. Pour ce faire, il est nécessaire de commencer par examiner ce dont une plateforme numérique a besoin pour pouvoir remplir un rôle spécifique, en fonction de l'objectif politique défini. Globalement, c'est souvent le modèle d'activité d'une plateforme numérique qui détermine si une plateforme numérique est en mesure de remplir un rôle spécifique, et à cet égard, il serait donc nécessaire de mener une analyse ciblée et de consulter chaque plateforme.

L'administration fiscale est invitée à publier des orientations claires concernant la portée du ou des régime(s) de TVA/TPS pour les plateformes numériques de l'économie du partage/à la demande dans leur juridiction. Ces orientations pourraient être fournies par référence aux fonctions exercées par les plateformes numériques, qui prennent en compte la capacité de ces plateformes à remplir un rôle spécifique (voir Annex E).

Il revient à l'administration fiscale de décider du niveau de détail qu'elle souhaite utiliser lorsqu'elle fournit des orientations/des indicateurs concernant l'inclusion des plateformes numériques dans la portée d'un rôle. Parmi les approches possibles, citons notamment l'utilisation de listes de fonctions qui sont considérées comme des indicateurs de la capacité d'une plateforme numérique à assumer un rôle spécifique (liste positive) ; et/ou de l'incapacité d'une plateforme numérique à assumer un rôle spécifique (liste négative). Le recours à des indicateurs détaillés pour justifier l'attribution ou non d'un rôle spécifique à une plateforme présente l'avantage de renforcer la certitude pour les plateformes numériques et l'administration fiscale. L'administration fiscale peut toutefois rencontrer des difficultés pour maintenir à jour ces indicateurs détaillés, compte tenu de l'évolution rapide des modèles d'activité de l'économie du partage/à la demande et des technologies de l'information et de la capacité qu'elle offre aux plateformes numériques de se conformer aux obligations en matière de TVA/TPS en vertu d'un rôle/régime spécifique. Il peut en résulter des règles du jeu inéquitables, car certaines plateformes numériques ne rentrent pas dans la portée d'un rôle selon les indicateurs définis par une administration fiscale, même si elles se trouvent en fait dans la même position que les plateformes qui rentrent dans le cadre de ce même rôle et si elles ont la capacité à l'assumer, par exemple via la mise en œuvre de nouvelles technologies qui ne sont pas encore prises en compte par ces indicateurs. Les mêmes considérations s'appliquent dans le cas où une juridiction décide de publier une liste répertoriant les noms des plateformes numériques qui rentrent dans le cadre d'un rôle spécifique. En fonction de la compréhension du marché par l'administration fiscale, cette approche individuelle peut être à l'origine de distorsions de concurrence/de décisions arbitraires.

Dans ce contexte, l'administration fiscale a intérêt à faire preuve d'une certaine flexibilité lors de la conception et de la mise en œuvre des indicateurs présidant à l'attribution d'un rôle spécifique aux plateformes numériques. Outre les considérations relatives à la neutralité, selon lesquelles les plateformes numériques qui sont dans une situation similaire doivent être traitées de façon équitable, une approche flexible permet également à l'administration fiscale d'accorder toute l'attention nécessaire à l'aspect de proportionnalité. Une plateforme peut par exemple être éligible à un rôle d'après les fonctions qu'elle exerce, alors que l'application de ce rôle entraînerait en fait une charge administrative disproportionnée au regard de ses capacités technologiques ou financières. Cela peut notamment être le cas pour les petites et moyennes plateformes numériques ainsi que pour celles de création récente. Pour éviter tout risque potentiel de traitement inéquitable des plateformes qui sont dans une situation similaire, cette approche flexible pourrait être basée sur des critères clairs et solides, et l'exclusion d'un rôle pourrait être révisée régulièrement afin de prendre en compte les éventuelles évolutions des capacités technologiques ou financières de la plateforme numérique concernée. Une attention toute particulière sera également nécessaire dans le cas d'une plateforme faisant partie d'un écosystème de plateformes lorsqu'il s'agit d'identifier à quelle plateforme pourrait être attribué un rôle spécifique (voir l'annexe D pour une description plus précise).

Il peut également être envisagé d'examiner comment d'autres règles que les règles de TVA/TPS qui s'appliquent aux plateformes numériques peuvent interagir avec les conditions imposées dans le cadre de l'un des rôles potentiels analysés dans ce rapport, par exemple les obligations de déclaration sur les plateformes numériques qui peuvent déjà exister à des fins de fiscalité directe.

Toutes ces considérations viennent confirmer l'importance pour l'administration fiscale de consulter étroitement les plateformes numériques impliquées dans l'économie du partage/à la demande pour bien comprendre leurs écosystèmes et tendances, l'objectif étant d'assurer le fonctionnement des rôles des plateformes d'une manière proportionnée et, dans la mesure du possible, pérenne.

Les plateformes étrangères (gérées par des non-résidents) par opposition aux plateformes nationales.

En principe, il ne devrait pas importer qu'une plateforme de l'économie du partage/à la demande soit gérée par un résident ou un non-résident de la juridiction d'imposition. Il convient toutefois de tenir compte du fait que l'application des règles peut être plus difficile dans le cas de plateformes numériques étrangères, et l'administration fiscale peut envisager de mettre en place des précautions supplémentaires (raisonnables et proportionnées) afin, le cas échéant, de réduire les risques de non-respect des obligations (voir l'analyse détaillée ci-dessous, au chapitre 4).

L'administration fiscale peut avoir intérêt à se montrer particulièrement attentive lors de l'examen d'un rôle de collecte de la TVA/TPS ou de responsabilité pour les plateformes en ce qui concerne les activités qu'elles facilitent. Comme expliqué ci-dessus, les fournisseurs de l'économie du partage/à la demande sont souvent situés dans la juridiction d'imposition et peuvent déjà y être assujettis à la TVA/TPS. La situation est différente dans l'économie des plateformes au sens large, en particulier pour les ventes par commerce électronique de biens, de services et de produits numériques, qui impliquent souvent des vendeurs en ligne qui commercialisent leurs produits dans des marchés du monde entier depuis un seul endroit. Si la plateforme de l'économie du partage/à la demande n'est pas située dans la juridiction d'imposition, l'administration fiscale peut avoir intérêt à examiner soigneusement les risques et les avantages du transfert de la collecte ou de la responsabilité de la TVA/TPS pour les transactions de l'économie du partage/à la demande de chacun des fournisseurs de l'économie du partage/à la demande résidant dans sa juridiction vers une plateforme qui ne réside pas dans sa juridiction. Ce point est examiné plus en détail dans chacune des sections consacrées aux différents rôles des plateformes.

Obligatoires ou volontaires ?

En théorie, la plupart des rôles des plateformes examinés dans ce rapport (à l'exception des rôles liés aux accords formels de coopération) peuvent être qualifiés soit de volontaires, soit d'obligatoires. Pour chaque approche, un certain nombre d'éléments méritent d'être pris en compte.

Si les rôles facultatifs et contractuels présentent l'avantage de la flexibilité, ils peuvent entraîner le développement de régimes exceptionnels de collecte de la TVA/TPS, qui peuvent varier d'une plateforme à l'autre et créer de l'incertitude et de la complexité en ce qui concerne le respect des obligations et l'administration. La prolifération d'un tel nombre de régimes, ainsi que leur caractère facultatif, peuvent risquer de compromettre les efforts déployés pour garantir le respect des obligations en matière de TVA/TPS par des acteurs qui peuvent chercher à opérer sur des plateformes qui n'ont pas adhéré à un régime facultatif ou qui gèrent un régime facultatif impliquant une charge administrative (perçue) liée à la TVA/TPS moindre.

Les rôles facultatifs de l'économie du partage/à la demande peuvent également poser des problèmes pour la coopération administrative et l'échange de renseignements entre les juridictions, dans la mesure où il se peut qu'il n'y ait pas de statut juridique défini ni d'obligation pour la plateforme de se conformer à un rôle. Dans l'ensemble, l'exécution obligatoire d'un rôle par toutes les plateformes éligibles de l'économie du partage/à la demande sera généralement plus efficace pour permettre à l'administration fiscale de renforcer la conformité à la TVA/TPS ainsi que d'apporter de la certitude et de créer des règles du jeu équitables pour les acteurs concernés de l'économie du partage/à la demande.

Dans l'intervalle, une juridiction peut envisager de mettre en place un programme pilote (volontaire) avec les plateformes de l'économie du partage/à la demande afin de tester un régime possible, par exemple dans le cadre d'un accord de coopération avec les plateformes. Au final, cela permettrait de faciliter la transition vers une exécution obligatoire de ce rôle par toutes les plateformes concernées.

Autres considérations générales à prendre en compte au stade de la conception

L'implication des plateformes numériques dans les procédures de conformité à la TVA/TPS ne va pas sans présenter de difficultés en termes d'évaluation des risques, de contrôle fiscal, de vérifications et de conformité. En particulier, étant donné que la plupart des (grandes) plateformes peuvent ne pas être physiquement présentes dans la juridiction de consommation (juridiction d'imposition), ce qui rendrait possible l'application des règles nationales, il existe des limites inhérentes à l'efficacité de ces règles. Les efforts déployés en matière de vérification et de gestion des risques sont confrontés à d'importantes limites, car la législation locale peut s'avérer inefficace pour les faire appliquer aux plateformes non résidentes.

La capacité à appliquer efficacement ces efforts, c'est-à-dire à s'assurer que les plateformes numériques respectent leurs obligations en vertu des rôles en matière de TVA/TPS imposés par la législation nationale, est d'une importance cruciale pour éviter les distorsions de concurrence dont seraient victimes les plateformes qui respectent leurs obligations si une surveillance insuffisante permettait à des plateformes étrangères de ne pas s'acquitter des leurs. Une mise en œuvre inappropriée pourrait conduire à ce que les fournisseurs sous-jacents de l'économie du partage/à la demande délaissent les plateformes numériques qui respectent leurs obligations pour une plateforme permettant d'exercer une activité non conforme.

Pour relever ces défis, l'administration fiscale est invitée à adopter une approche en deux volets selon laquelle, d'une part, les plateformes numériques sont incitées et aidées à respecter leurs obligations par des cadres juridiques solides qui s'appuient sur les *Conditions cadres d'Ottawa sur la fiscalité* et, de l'autre, des mesures dissuasives sont mises en place contre les infractions.

Outre les considérations et principes généraux relatifs à la conception d'une stratégie de TVA/TPS ciblant l'économie du partage/à la demande décrits au chapitre 2, l'administration fiscale est invitée à prendre en compte les considérations et principes politiques suivants lors de la conception des rôles assumés par les plateformes numériques pour renforcer la conformité à la TVA/TPS au sein de l'économie du partage/à la demande :

- *Ouvrir un dialogue avec les plateformes numériques dès le début du processus de réforme.* La concertation avec les plateformes numériques concernées permet à l'administration fiscale de parvenir à une bonne compréhension des modèles d'activité et du fonctionnement des plateformes, contribuant ainsi à identifier des solutions à la fois proportionnées et réalistes. En ce qui concerne les obligations de déclaration, par exemple, il est important d'identifier quels types d'informations on peut raisonnablement s'attendre à ce que les plateformes fournissent à l'administration fiscale afin de s'assurer que les objectifs politiques peuvent être atteints sans charge administrative disproportionnée pour les plateformes numériques (ce qui implique de reconnaître que les informations disponibles peuvent varier d'une plateforme à l'autre).

- *Accorder un délai suffisant* pour s'assurer que les plateformes numériques seront en mesure de se conformer à ce rôle. Les plateformes peuvent avoir besoin de concevoir et d'appliquer des modifications considérables de leurs systèmes pour obtenir les résultats voulus en termes d'efficacité, d'efficience et de certitude.
- *Favoriser la conformité fiscale en limitant les obligations en matière de TVA/TPS à celles qui sont strictement nécessaires* pour faciliter l'exécution des procédures de conformité par les plateformes numériques. Lorsque les procédures de conformité sont trop complexes et/ou disproportionnées, leur application aux plateformes numériques peut déboucher sur un non-respect des obligations, ou sur un refus de service aux clients de la part de certaines plateformes numériques (non résidentes) dans certaines juridictions. Les procédures de conformité doivent par conséquent être aussi simples et efficaces que possible. Là où c'est possible, des régimes administratifs et d'identification simplifiés tels que ceux qui sont présentés dans les Principes directeurs internationaux pour la TVA/TPS (OCDE, 2017[4]) et le rapport 2017 sur les mécanismes de collecte de la TVA/TPS (OCDE, 2017[5]) permettront aux plateformes numériques de s'acquitter plus aisément de leurs obligations fiscales.
- *Chaque fois que cela est pertinent, définir clairement les obligations en matière de TVA/TPS des fournisseurs sous-jacents de l'économie du partage/à la demande*, notamment dans le cadre de leur relation avec la plateforme. Cela inclut des règles claires sur le statut au regard de la TVA/TPS de la relation entre le fournisseur sous-jacent et la plateforme numérique et les obligations de conformité connexes (facturation, déclaration, paiement de la TVA/TPS, etc.). De même, envisager de fournir des conseils clairs dans les cas où des personnes/entités sont actives sur une plateforme sous leur propre nom mais pour le compte d'autres parties en tant qu'agents non divulgués (par exemple, un gestionnaire immobilier qui peut agir en son propre nom mais au nom de divers propriétaires illustré à l'annexe D).
- *Fournir des orientations claires sur le fonctionnement des éventuels seuils de collecte ou d'assujettissement à la TVA/TPS.* Si un seuil est en place dans la juridiction d'imposition, il est important d'indiquer clairement si ce seuil est défini au niveau de la plateforme ou au niveau de chacun des fournisseurs de l'économie du partage/à la demande.
- *Envisager de mettre en œuvre des règles de hiérarchisation dans les cas où plusieurs plateformes numériques participent à la chaîne/à l'écosystème d'approvisionnement* (par exemple dans le cadre d'un scénario de type « plateforme dans la plateforme » - voir Annex D). Ces règles doivent indiquer clairement à quelle plateforme est confié tel rôle spécifique.
- *Selon la situation, la meilleure solution pour mettre en œuvre une réforme serait de l'appliquer progressivement et/ou d'adopter des dispositions* destinées aux activités de l'économie du partage/à la demande couvertes par un rôle avant l'entrée en vigueur de la loi, tant pour les autorités nationales concernées que pour les plateformes numériques.
- *Tenir compte de la nécessité de règles limitant les risques de conformité fiscale pour les plateformes agissant de bonne foi et qui ont fait des efforts raisonnables pour veiller au respect des obligations*, en particulier en ce qui concerne la collecte et la vérification des éléments d'informations que les plateformes peuvent être tenues de déclarer ou sur lesquels elles peuvent avoir à fonder leurs décisions relatives à l'application des règles fiscales. Les plateformes numériques sont souvent obligées de se fier aux informations qui leur sont communiquées par les

fournisseurs sous-jacents de l'économie du partage/à la demande et par des tiers pour s'acquitter de leurs obligations en matière de TVA/TPS en vertu de certains rôles. C'est pourquoi on attend d'elles qu'elles appliquent des procédures de diligence raisonnable effectives pour s'assurer de l'exactitude et de la fiabilité de ces informations. En principe, les procédures de diligence raisonnable visent à s'assurer que les informations déclarées/utilisées pour déterminer quelles règles appliquer en matière de TVA/TPS sont exactes, le tout sans imposer de procédures trop lourdes aux plateformes. L'application d'une règle exonérant la responsabilité des plateformes numériques pour les erreurs dues à des informations inexactes peut être considérée comme raisonnable, si ces plateformes sont en mesure de prouver leur bonne foi et l'accomplissement d'efforts raisonnables pour s'assurer de l'exactitude et de la fiabilité des informations. Cela peut concerner les cas où la plateforme s'appuie sur un service de vérification proposé par l'administration fiscale d'une juridiction pour établir l'identité et le statut au regard de la TVA/TPS d'un fournisseur sous-jacent et/ou d'un utilisateur.

- *Envisager de passer d'un système basé sur les transactions pour déterminer et valider l'exactitude des informations relatives à la TVA/TPS à un système de validation basé sur des systèmes.* Sur la durée, le recours à l'analyse commerciale peut constituer une solution plus efficace pour évaluer la conformité à la TVA/TPS que la pratique actuelle, qui consiste à tester chaque transaction, y compris sur des fournitures en gros volumes/de faible valeur. La transition vers une approche basée sur des systèmes nécessitera en principe que l'administration acquière une bonne compréhension des plateformes numériques concernées, de leurs modèles d'activité, de leurs systèmes de comptabilité d'entreprise et de leurs systèmes visant à garantir le respect des obligations fiscales.
- *Prendre en compte les considérations relatives au commerce international.* On attend de l'administration fiscale qu'elle s'assure que, conformément aux Principes directeurs internationaux pour la TVA/TPS, la conception et les modalités de fonctionnement des rôles impliquant des plateformes numériques étrangères dans son pays n'affectent pas indument le principe de neutralité dans le contexte des échanges internationaux (OCDE, 2017[4]). Le Principe directeur 2.6, selon lequel des mesures spécifiques peuvent être nécessaires pour les transactions impliquant des entreprises étrangères, s'applique également aux plateformes numériques (OCDE, 2017[4]). Cependant, ce Principe directeur précise sans ambiguïté que ces mesures ne doivent pas entraîner de charge administrative indue ou disproportionnée (OCDE, 2017[4]). En conséquence, l'administration fiscale est invitée à prendre en compte comme il convient les approches décrites dans cette analyse qui visent à faire en sorte que la conception des régimes impliquant des plateformes étrangères soit cohérente et à limiter la complexité des règles fiscales.
- *Envisager la mise en place d'un certain nombre de mesures d'accompagnement visant à garantir l'efficacité des rôles assumés par les plateformes numériques* pour faciliter le respect en matière de TVA/TPS des obligations au sein de l'économie du partage/à la demande, notamment en complétant ces rôles par une coopération administrative internationale solide ; en s'assurant que des mesures dissuasives sont mises en place contre les infractions ; en complétant ces rôles par des stratégies ciblées de gestion des risques, notamment l'utilisation extensive des données des tiers pour aider au contrôle de la conformité et à l'analyse des données ; en n'oubliant pas les activités similaires qui peuvent être exercées hors ligne et/ou avec une intervention limitée des plateformes numériques (par exemple dans les cas où la plateforme fonctionne comme une plateforme de réacheminement vers le site d'un vendeur ou de mise en relation d'acheteurs et de fournisseurs, permettant ainsi de présenter, promouvoir ou donner une liste des transactions des fournisseurs de l'économie du partage/à la demande sans que la plateforme numérique participe en aucune façon, que ce soit directement ou indirectement, à la fixation des conditions auxquelles est conclue la vente, ni au processus de paiement ou de livraison). Ces mesures d'accompagnement sont décrites plus en détail au chapitre 4 de ce rapport.

3.3.2. Rôle d'éducation et de communication

Dans le cadre d'un rôle d'éducation et de communication, les plateformes de l'économie du partage/à la demande servent de moyen de communication pour envoyer en temps utile aux fournisseurs des informations exactes sur leurs obligations en matière de TVA/TPS. Il est ainsi possible de diffuser des directives et d'envoyer des messages directs notifiant les modifications des obligations des fournisseurs. Les plateformes peuvent également développer, en concertation avec l'administration fiscale, leur propre documentation et leurs propres orientations à l'intention de leurs fournisseurs de l'économie du partage/à la demande.

Les plateformes numériques peuvent être invitées à assumer ce rôle spontanément, ou cela peut être organisé en étroite collaboration avec l'administration fiscale, par exemple dans le cadre d'un accord de coopération. Les plateformes numériques assument ce rôle d'éducation/de communication généralement dans le but de compléter plutôt que de remplacer les stratégies de communication existantes de l'administration fiscale visant à informer les assujettis (potentiels) de leurs obligations. L'objectif politique principal consiste à promouvoir et à faciliter le respect des obligations et, au final, à créer des règles du jeu équitables pour les acteurs qui respectent leurs obligations.

Tableau 3.3. Rôle d'éducation/de communication

Opportunités et difficultés – Vue d'ensemble

Opportunités	Difficultés
• Ce rôle offre **à l'administration fiscale l'opportunité de communiquer** avec/d'atteindre les nombreux fournisseurs sous-jacents de l'économie du partage/à la demande pour leur fournir les informations concernant leurs obligations en matière de TVA/TPS. • Il contribue à renforcer l'efficacité de la communication des informations sur le respect des règles de TVA/TPS aux **assujettis qui, autrement, seraient difficiles à atteindre** par l'administration fiscale. • **La coopération avec les plateformes permet d'adopter une approche proactive** dans la réponse aux questions posées par les fournisseurs de l'économie du partage/à la demande. • Elle permet d'alerter ceux qui **ne connaissent pas leurs obligations et d'aider ceux qui souhaitent les respecter.** • Elle peut inciter les fournisseurs **à respecter leurs obligations et les empêcher de commettre des erreurs** qui pourraient entraîner des litiges et une charge administrative pour l'administration fiscale. • L'amélioration du **fonctionnement effectif des autres rôles assumés par les plateformes numériques** (responsabilité conjointe et solidaire, partage des informations, etc.) et/ou d'autres aspects plus généraux.	• **Les ressources et/ou la capacité technologique peuvent faire défaut à l'administration fiscale** pour fournir des informations en temps utile et pour les tenir à jour et les rendre accessibles aux plateformes en vue de leur diffusion. • Pour les plateformes numériques, cela peut s'avérer **difficile de veiller à rendre disponibles des informations correctes et actualisées**, en particulier dans de multiples secteurs de l'économie du partage/à la demande, et tout en collaborant avec des fournisseurs établis dans plusieurs juridictions (le contact avec l'administration fiscale de la juridiction de la plateforme risque d'être insuffisant à cet égard). • Les plateformes doivent **avoir l'assurance qu'elles n'agissent que comme un pourvoyeur d'information et qu'elles n'encourent aucune responsabilité** en tant que conseiller fiscal.

Considérations relatives à la conception et au fonctionnement

Lorsqu'elles envisagent d'impliquer les plateformes de l'économie du partage/à la demande dans l'éducation et l'information des fournisseurs de cette économie quant à leurs obligations en matière de TVA/TPS, l'administration fiscale est invitée à prendre en compte les aspects spécifiques suivants :

- Pour que les plateformes de l'économie du partage/à la demande puissent remplir leur rôle d'éducation/de communication, elles doivent pouvoir s'appuyer sur des informations suffisamment ciblées, claires et actualisées émanant de l'administration fiscale. L'administration fiscale doit tenir compte du niveau souvent limité de connaissances fiscales des fournisseurs sous-jacents de l'économie du partage/à la demande. Toute modification de ces informations doit être communiquée en temps opportun par l'administration fiscale à la plateforme, laquelle doit en informer rapidement ses fournisseurs sous-jacents.

- Le processus par lequel les nouveaux fournisseurs de l'économie du partage/à la demande ont accès à une plateforme numérique pour exécuter leurs activités relevant de cette économie (« entrée en relation ») représente une première occasion idéale d'informer les fournisseurs de l'économie du partage/à la demande de leurs obligations en matière de TVA/TPS. L'entrée en relation est une exigence standard incontournable pour tout fournisseur de l'économie du partage/à la demande.
- Il peut être important de rendre les informations pertinentes disponibles dans un certain nombre de langues (notamment en anglais), en particulier dans les secteurs où les fournisseurs de l'économie du partage/à la demande ne sont pas nécessairement situés dans la juridiction d'imposition (par exemple, le logement).
- Le ton de la communication est également susceptible d'avoir une incidence car il s'avère que les assujettis sont généralement plus réceptifs aux messages rédigés de manière simple, positive et amicale (cf. Chapitre 10 du document *Tax Administration 2019 – Comparative Information on OECD and other Advanced and Emerging Economies* (OECD, 2019[6])).
- L'implication des plateformes de l'économie du partage/à la demande dans la communication avec les fournisseurs sous-jacents sur leurs obligations en matière de TVA/TPS bénéficiera généralement d'une coopération étroite avec les autorités fiscales, notamment pour identifier le moment approprié pour communiquer, les besoins d'information au fur et à mesure de leur évolution, les outils de communication ainsi que les actions ciblées. Il peut s'agir, par exemple, de l'organisation par des plateformes de webinaires avec l'administration fiscale ou de pages web de « questions fréquemment posées » et/ou via lesquelles les fournisseurs sous-jacents d'une plateforme peuvent communiquer directement avec des représentants de l'administration fiscale.

3.3.3. Rôle(s) exercé(s) dans le cadre d'un accord de coopération formel

Les accords formels de coopération sont essentiellement multifacettes dans le sens où ils peuvent combiner toute une série de mesures et d'approches visant à impliquer les plateformes numériques dans l'optimisation des niveaux de conformité en matière de TVA/TPS dans l'économie du partage/à la demande. Ils comprennent généralement : le partage d'informations (sur demande ou sur une base régulière) et l'éducation via une plateforme numérique (y compris l'utilisation de la plateforme comme vecteur de communication avec les fournisseurs sous-jacents de l'économie du partage/à la demande concernant leurs obligations en matière de TVA/TPS) ; l'alerte des autorités fiscales en cas de soupçon de manquement ou de fraude ; et la réponse rapide aux notifications d'une administration fiscale lorsque les fournisseurs sous-jacents de l'économie du partage/à la demande d'une plateforme sont jugés en infraction à leurs obligations en matière de TVA/TPS. Ces accords sont conclus sur la base du volontariat, généralement dans le cadre d'une approche de conformité coopérative entre l'administration fiscale et la plateforme.

Tableau 3.4. Accords formels de coopération

Opportunités et difficultés – Vue d'ensemble

Opportunités	Difficultés
• Peut représenter une **étape intermédiaire pour d'autres instruments d'action**, comme la fonction de collecte de la TVA/TPS ou de responsabilité imputable à une plateforme de l'économie du partage/à la demande. • Peut améliorer **la sécurité juridique en matière fiscale et la transparence des relations** et peut servir d'approche proactive pour remédier aux risques fiscaux importants. • Peut avoir une **incidence positive en matière de réputation pour les plateformes concernées**, en rassurant les fournisseurs sous-jacents de l'économie du partage/à la demande et les utilisateurs finaux ainsi que les concurrents honnêtes.	• **Peut créer un avantage concurrentiel pour les plateformes qui n'établissent pas un tel accord**, ce qui peut attirer des fournisseurs de l'économie du partage/à la demande désireux d'éviter ou de limiter leurs obligations administratives. Des mesures coercitives appropriées sont donc nécessaires en cas de manquement (par exemple, une éventuelle responsabilité conjointe et solidaire pour les plateformes qui tolèrent les manquements des fournisseurs de l'économie du partage/à la demande qu'elles hébergent). • **Difficultés potentielles pour faire appliquer l'accord** au cas où la plateforme serait défaillante. • Les plateformes numériques qui facilitent des prestations relevant de l'économie du partage/à la demande dans plusieurs juridictions peuvent devoir conclure **plusieurs accords** (à savoir un par administration fiscale). Inversement, les administrations fiscales peuvent avoir à négocier plusieurs accords similaires avec les plateformes opérant dans leur juridiction.

Considérations relatives à la conception et au fonctionnement

Lorsqu'elle envisage de conclure des accords de coopération formels avec des plateformes de l'économie du partage et de l'économie à la demande pour soutenir la conformité en matière de TVA/TPS de leurs fournisseurs sous-jacents, l'administration fiscale est outre encouragée à prendre en considération les aspects suivants :

- Une consultation étroite avec les plateformes numériques sera nécessaire pour définir clairement les termes, les conditions et le calendrier de l'accord. Le document « Code of Conduct: Co-operation between tax administrations and sharing/gig economy platforms » élaboré par le Forum sur l'administration de l'impôt prévoit une normalisation des approches « non contraignantes » en matière de communication d'informations par les plateformes (OECD, 2020[7]). Il peut constituer une excellente base pour un modèle de conformité à la TVA/TPS qui soit acceptable par les administrations fiscales du monde entier en vue de réduire la complexité liée à la négociation de multiples accords similaires avec des plateformes opérant dans leur juridiction et, inversement, par les plateformes qui peuvent négocier de tels accords avec les administrations fiscales de nombreuses juridictions.
- Les juridictions peuvent envisager de rendre publics ces accords de coopération formels afin de motiver la participation des plateformes, compte tenu de l'incidence positive escomptée sur la réputation des plateformes concernées.

3.3.4. Rôle de partage de l'information – tirer parti des règles types de déclaration de l'OCDE

Dans un rôle de partage de l'information, la plateforme numérique est tenue par la loi de transmettre à l'administration fiscale les informations pertinentes aux fins de la gestion de la TVA/TPS et du respect des obligations applicables en la matière, sans qu'elle soit nécessairement responsable de la collecte et du versement de la TVA/TPS due au titre de l'activité des fournisseurs sous-jacents impliqués dans l'économie du partage/à la demande ou qu'elle joue un rôle dans ces processus. Le schéma ci-après donne une vue d'ensemble de ce rôle.

La plateforme peut avoir à fournir l'information soit sur demande, soit spontanément (par exemple en cas d'activité suspecte) et de manière régulière.

Graphique 3.2. Rôle de partage de l'information

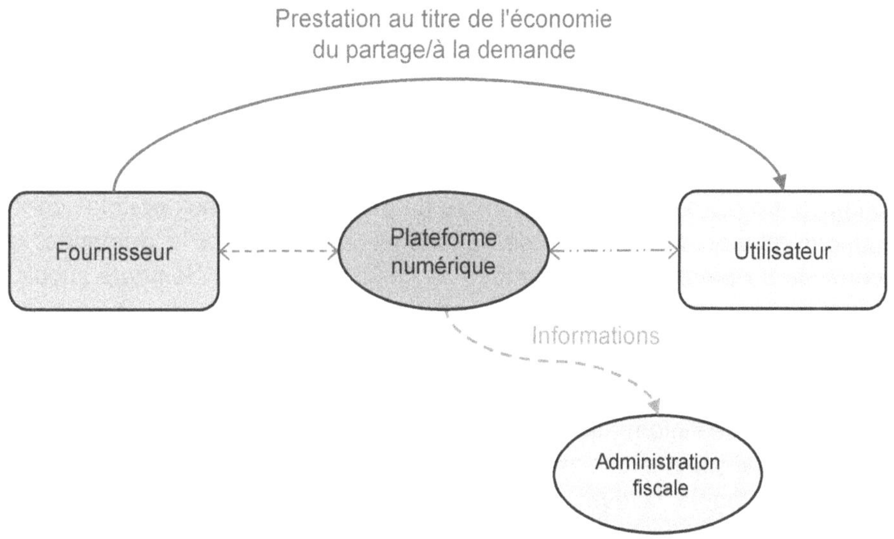

Source : Analyse de l'OCDE.

Tableau 3.5. Rôle de partage de l'information

Opporunités et difficultés – Vue d'ensemble

Opportunités	Difficultés
• **Possibilité de tirer parti des Règles types de déclaration de l'OCDE à l'intention des vendeurs relevant de l'économie du partage et de l'économie à la demande**[1] (les Règles types de l'OCDE (OCDE, 2020[3])) afin d'éviter la duplication des obligations de déclaration et de renforcer la coopération administrative. • **Les informations déclarées peuvent fournir une base utile à l'administration fiscale** pour suivre les évolutions du marché de l'économie du partage et de l'économie à la demande dans leur juridiction et déterminer la nécessité éventuelle d'une réponse politique (y compris par secteur). • **Peut faciliter la détection/prévention du non-respect des obligations** par les fournisseurs de l'économie du partage/à la demande, y compris des risques de non-assujettissement à la TVA/TPS ou de sous-déclaration. • **Peut faciliter le respect des obligations fiscales** grâce à des déclarations de TVA/TPS préremplies. • **Renforcement de l'efficacité de l'administration fiscale** grâce à une utilisation *ad hoc* des données (par exemple pour des analyses de risque avancées) et une meilleure efficience dans d'autres mesures (par exemple, le rôle de responsabilité conjointe et solidaire	• **Nécessité de disposer de ressources humaines et techniques adéquates** pour traiter le volume (potentiellement important) d'informations collectées et produire des analyses efficaces en temps utile. Ce traitement implique notamment de relier et de consolider les données provenant de plusieurs plateformes par fournisseur de l'économie du partage/à la demande (chacun étant souvent actif sur plusieurs plateformes). • **Garantir un traitement sécurisé des informations recueillies.** • **S'assurer de l'exhaustivité et de la fiabilité des données déclarées.** • **Faire respecter les obligations de déclaration sur les plateformes numériques qui ne relèvent pas de la juridiction fiscale**, notamment en l'absence d'accords de coopération administrative entre juridictions. • **Interactions avec d'autres cadres réglementaires, en particulier** la législation sur la protection des données et de la vie privée et le droit de la concurrence. • **Contraintes potentielles pour les plateformes de création récente ou de petite taille dans la mise en œuvre** d'un mécanisme de transmission des données. • **Manque de cohérence entre les juridictions s'agissant du format et du processus de collecte des données** susceptible d'entraîner une charge administrative

Opportunités	Difficultés
des plateformes).	excessive pour les plateformes confrontées à des obligations de déclaration dans plusieurs juridictions, et également de rendre la coopération administrative entre les juridictions complexe. Les règles types de déclaration de l'OCDE fournissent une base utile pour renforcer cette cohérence (OCDE, 2020[3]).

Note : [1]Les règles types de l'OCDE définissent un « Vendeur » comme étant un utilisateur d'une Plateforme qui est enregistré à tout moment au cours de la Période de déclaration sur la Plateforme aux fins de la prestation de Services visés. Dans ce contexte, les Vendeurs peuvent inclure des personnes physiques et des Entités. Aux fins du présent rapport, les termes « Vendeur » et « Fournisseur » sont utilisés indifféremment l'un pour l'autre (OCDE, 2020[3]).

Considérations relatives à la conception et au fonctionnement

La section 3.2.6 ci-avant proposait un certain nombre de principes généraux pour la conception des rôles de partage de l'informations pour les tiers de l'économie du partage/à la demande, non limités aux plateformes l'économie du partage/à la demande. Un certain nombre d'éléments supplémentaires sont fournis ci-après pour examen par les autorités fiscales aux fins de la conception et mise en œuvre de leurs régimes de déclaration informative pour les plateformes numériques dans le but de faciliter la conformité en matière de TVA/¨TPS dans l'économie du partage/à la demande :

- Un rôle de partage de l'information pour les plateformes de l'économie du partage/à la demande peut être envisagé comme une mesure autonome (notamment pour suivre les évolutions de l'économie du partage/à la demande et/ou pour surveiller la conformité des fournisseurs de l'économie du partage/à la demande) ou venir en complément d'autres rôles (notamment pour compléter un régime de responsabilité conjointe et solidaire pour les plateformes qui s'avèrent accepter la non-conformité de leurs fournisseurs sous-jacents). L'objectif ou les objectifs poursuivis par le régime de partage de l'information pour les plateformes de l'économie du partage/à la demande dicteront dans une large mesure le type d'informations que l'administration fiscale demandera aux plateformes de lui communiquer. La mise en place de déclarations de TVA/TPS préremplies nécessitera probablement des informations plus détaillées et plus fréquentes que l'objectif de contrôle de la conformité des fournisseurs à leur obligation de s'assujettir à la TVA/TPS, qui pourra se satisfaire de données plus agrégées sur une période plus longue. Ces objectifs, et donc les obligations de déclaration, peuvent différer selon le secteur de l'économie du partage/à la demande visé.
- D'une manière générale, il est conseillé d'exiger des plateformes qu'elles déclarent les informations dont on peut raisonnablement penser qu'elles existent du fait de leurs activités normales, qui sont proportionnellement pertinentes au vu des objectifs poursuivis par l'administration fiscale et dont la divulgation n'est pas limitée au titre de la législation sur protection des données ou d'autres dispositions légales restrictives. Il est par conséquent important que l'administration fiscale ait une bonne idée des données que les plateformes de l'économie du partage/à la demande détiennent sur leurs fournisseurs sous-jacents et sur les activités qu'elles facilitent, ainsi que de leur capacité à partager ces informations avec les autorités fiscales aux fins du respect des dispositions en matière de TVA/TPS, tant d'un point de vue technique que juridique (par exemple, confidentialité, protection des données).
- Les délais associés à l'obligation de déclaration peuvent avoir un impact sur la qualité des données. Les plateformes auront généralement besoin de temps pour formater les données et mener des contrôles qualité avant de les communiquer à l'administration fiscale. L'administration fiscale peut souhaiter déterminer la fréquence et le moment de la déclaration de manière à laisser un délai raisonnable aux plateformes pour traiter et préparer les données à transmettre. Les autorités fiscales peuvent en outre envisager de dissocier cette déclaration informative des autres

déclarations exigées qui peuvent concerner les mêmes informations, et ce dans la mesure où il pourra être difficile pour les plateformes de faire face à plusieurs obligations de déclaration en même temps, en particulier pour les petites et les nouvelles plateformes

- Idéalement, il serait souhaitable que l'administration fiscale autorise la transmission des informations déclarées par voie électronique afin de permettre aux opérateurs de plateforme de mettre en œuvre un processus de déclaration automatisé. Dans le cadre de la conception d'un régime de déclaration informative, une consultation précoce des opérateurs des plateformes de l'économie du partage/à la demande sera donc importante pour la mise en place d'un régime efficace et pour son bon fonctionnement, et notamment pour une communication fluide et simple des données.
- En fonction de la conception finale du régime de déclaration et de la charge administrative associée pour les plateformes de l'économie du partage/à la demande, l'administration fiscale pourra envisager de limiter son champ d'application aux plateformes dont les activités dépassent un certain seuil de matérialité afin d'éviter les risques de conséquences disproportionnées pour se mettre en conformité. Ce seuil pourra être basé sur plusieurs paramètres (combinés) : le chiffre d'affaires des transactions sous-jacentes de l'économie du partage/à la demande, le nombre de fournisseurs sous-jacents et/ou le volume des transactions facilitées par la plateforme. Pour les plateformes exclues du champ d'application par le seuil, l'administration fiscale pourra toujours se réserver la possibilité d'obtenir les renseignements sur demande.
- Afin de mieux gérer le volume des données déclarées et d'améliorer l'efficacité du régime de déclaration pour les plateformes de l'économie du partage/à la demande, les autorités fiscales pourront exclure de l'obligation de déclaration les fournisseurs sous-jacents dont on peut s'attendre à ce qu'ils soient déjà connus de l'administration fiscale et qu'ils soient eux-mêmes de leur côté soumis à des obligations de déclaration, notamment du fait de la taille de leur activité. Cette dispense pourra par exemple s'appliquer aux entreprises de taxis/transport proposant également leurs services sur une plateforme de l'économie du partage/à la demande, de même qu'aux chaînes hôtelières proposant des hébergements de courte durée par le biais d'une telle plateforme. À cette fin, l'administration fiscale pourra mettre en place un seuil de matérialité basé sur le chiffre d'affaires et/ou la valeur des transactions au-delà duquel les fournisseurs sous-jacents seront exclus du champ d'application de l'obligation de déclaration faite à la plateforme numérique qui facilite leurs transactions.
- Les autorités fiscales peuvent envisager des règles limitant les risques de non-conformité en ce qui concerne les données déclarées si la plateforme a agi de bonne foi et engagé des efforts raisonnables pour garantir l'exactitude de ces données (règles de « protection »). Il peut s'agir des cas dans lesquels la plateforme s'est fiée aux informations communiquées par les autorités fiscales, notamment pour déterminer l'identité de prestataires et/ou d'utilisateurs et leur statut au regard de la TVA/TPS. On peut s'attendre à ce que les plateformes appliquent les processus de diligence raisonnable appropriés en ce qui concerne l'exactitude et la fiabilité des informations qu'elles recueillent dans le cadre de leurs activités normales. L'administration fiscale pourra souhaiter subordonner l'application d'une éventuelle règle de protection pour les plateformes numériques à l'assurance qu'un processus de diligence raisonnable approprié, basé sur les systèmes, est bien appliqué.
- Étant donné qu'une multitude de plateformes numériques peuvent être impliquées dans la facilitation des transactions de l'économie du partage/à la demande, il convient que les autorités fiscales fournissent des orientations claires sur les exigences de déclaration qui leur sont applicables au vu de leur rôle dans le processus de l'économie du partage/à la demande. En règle générale, la plateforme la plus proche du fournisseur sous-jacent de l'économie du partage/à la demande sera la mieux placée pour rendre compte des activités de ce fournisseur (généralement

la plateforme qui a « mis en selle » le fournisseur pour permettre la réalisation de l'activité de partage/à la demande).

- Les autorités fiscales devront s'assurer que leur administration dispose de la capacité technologique et des ressources nécessaires pour recevoir les données communiquées par les plateformes de l'économie du partage/à la demande et pour utiliser ces informations afin d'atteindre le ou les objectifs visés. Un aspect crucial à prendre en compte à cet égard est le volume de données que les autorités fiscales s'attendent à recevoir, qui peut être important selon le secteur de l'économie du partage/à la demande concerné. Les déclarations au niveau transactionnel, par exemple, pourront engendrer la déclaration de milliers de transactions d'une valeur relativement faible dans certains cas (par exemple pour le secteur des transports). L'administration fiscale pourra dès lors préférer opter pour la déclaration, par exemple, des montants imposables au niveau agrégé par fournisseur sous-jacent de l'économie du partage/à la demande. Il serait déraisonnable et inefficace d'exiger la communication d'informations dans un volume et/ou à un niveau de détail que l'administration fiscale ne serait pas en mesure de traiter.
- Les autorités fiscales sont fortement encouragées à déployer une approche coordonnée au sein de leur administration fiscale, afin que les données communiquées par les plateformes numériques puissent être utilisées pour différents types d'impôts (impôts directs et indirects), le cas échéant, et pour minimiser les risques de duplication des régimes de déclaration. Dans ce contexte, les juridictions sont invitées à tirer parti du potentiel des Règles types de déclaration de l'OCDE pour soutenir la mise en œuvre d'un régime d'information efficace et coordonné pour les plateformes de l'économie du partage/à la demande (voir plus bas) (OCDE, 2020[3]).
- Les Règles types de déclaration de l'OCDE sont également à même de favoriser la cohérence entre les régimes de déclaration au niveau international, notamment en ce qui concerne le format et les éléments de données, et d'améliorer par voie de conséquence la conformité, en particulier pour les plateformes confrontées à des obligations multi-juridictionnelles (OCDE, 2020[3]). Cette cohérence favorisera par ailleurs une coopération internationale efficace en matière d'administration et de mise en œuvre de la fiscalité. Le chapitre 4 examine d'autres approches possibles pour soutenir une telle coopération internationale efficace en matière d'administration et de mise en œuvre de la fiscalité.

Exploitation des Règles types de déclaration à l'intention des vendeurs relevant de l'économie du partage/à la demande[5] (les Règles types de déclaration de l'OCDE) à des fins de conformité à la législation TVA/TPS

Les Règles types de déclaration de l'OCDE ont été adoptées par le Cadre inclusif sur le BEPS de l'OCDE/G20 en 2020 afin d'aider les juridictions à appliquer l'obligation faite aux plateformes numériques de collecter des informations sur les revenus réalisés par les vendeurs relevant de l'économie du partage/à la demande qui proposent des services d'hébergement, de transport et personnels, et de communiquer ces informations à l'administration fiscale (OCDE, 2020[3]). L'un des objectifs essentiels de ces règles types est de promouvoir la coopération internationale entre les administrations fiscales de sorte que celles-ci aient accès à des informations sur les bénéfices réalisés par des vendeurs de l'économie du partage/à la demande en ligne relevant de leur juridiction, y compris via des plateformes situées dans d'autres juridictions. Pour ce faire, les règles prévoient que les opérateurs de plateforme rendent compte à l'administration fiscale de la juridiction dans laquelle résident ces opérateurs. Ces règles disposent également que les informations sont échangées automatiquement et annuellement par la juridiction de résidence de l'opérateur de la plateforme avec les juridictions de résidence des vendeurs et, dans le cas de transactions impliquant la location de biens immobiliers, avec les juridictions dans lesquelles ces biens immobiliers sont situés.

Les Règles types de déclaration de l'OCDE visent à promouvoir la normalisation des règles de déclaration applicables dans les différentes juridictions de façon à aider les plateformes à se conformer aux obligations qui leur incombent dans ces juridictions en matière de communication d'informations en les autorisant à suivre des processus largement similaires pour le recueil et la communication des informations relatives aux transactions et à l'identité des vendeurs en ligne (OCDE, 2020[3]). L'annexe C du présent rapport contient des informations plus détaillées sur les principales caractéristiques des Règles types de déclaration de l'OCDE (OCDE, 2020[3]).

Les Règles types de déclaration de l'OCDE ont été conçues principalement pour faciliter et améliorer le respect des obligations en matière d'impôts directsddes fournisseurs de l'économie du partage/à la demande (OCDE, 2020[3]). Ils reconnaissent toutefois explicitement que les informations déclarées et échangées au titre de ces règles sont susceptibles d'être également pertinentes pour le respect des obligations en matière de TVA/TPS (OCDE, 2020[3]). Les informations déclarées au titre des règles types de déclaration de l'OCDE englobent la rémunération reçue par les fournisseurs de l'économie du partage/à la demande, les types/nombre de services fournis et les données d'identification fiscale des fournisseurs sous-jacents (OCDE, 2020[3]). Ces informations sont susceptibles d'être pertinentes aux fins du respect de la TVA/TPS dans la juridiction qui reçoit les informations en vertu des règles types de déclaration (OCDE, 2020[3]). Selon le type de services et les règles applicables pour déterminer leur lieu d'imposition de la TVA/TPS, l'administration fiscale peut bénéficier des informations reçues en vertu des règles types de déclaration (OCDE, 2020[3]) aux fins du respect de la TVA/TPS comme suit :

- En général, l'administration fiscale de la juridiction où est établi un fournisseur de l'économie du partage/à la demande pourra utiliser les informations reçues en vertu des Règles types pour s'assurer du respect de ses obligations d'enregistrement à la TVA/TPS (et des obligations associées telles que la déclaration, l'application de régimes de simplification, etc.) (OCDE, 2020[3]) ;
- Lorsqu'une administration fiscale reçoit des informations sur un fournisseur de l'économie du partage/à la demande dans sa juridiction en ce qui concerne les prestations soumises à la TVA/TPS dans cette juridiction, l'administration fiscale pourra utiliser ces données pour superviser et veiller au respect par ce fournisseur de toutes les obligations associées en matière de TVA/TPS, notamment l'obligation du fournisseur d'enregistrer, de déclarer et d'acquitter la TVA/TPS. Cela s'applique généralement aux prestations de services pour lesquelles le lieu d'imposition à la TVA/TPS est déterminé par référence à leur lieu d'exécution ou par référence à l'implantation du fournisseur (généralement des services « sur place » tels que décrits à la directive 3.5. des Principes directeurs internationaux pour l'application de la TVA/TPS (OCDE, 2017[4])). C'est important dans le contexte de l'économie de partage/à la demande, car il s'agit souvent de services « sur place » qui seront soumis à la TVA/TPS dans la juridiction où est établi le fournisseur de l'économie du partage/à la demande, comme les services de transport et de livraison locaux et les services personnels.
- Lorsqu'une administration fiscale reçoit des informations relatives à des services liés à des biens immobiliers situés dans sa juridiction, elle peut utiliser ces informations pour contrôler le respect de toutes les obligations en matière de TVA/TPS concernant ces services. En fait, ces services seront en général soumis à la TVA/TPS dans la juridiction où se trouve le bien immobilier concerné (voir la directive 3.8. des principes directeurs internationaux pour l'application de la TVA/TPS (OCDE, 2017[4])). Ces informations seront particulièrement utiles pour superviser et veiller au respect des obligations en matière de TVA/TPS dans le secteur du logement (location à court terme) de l'économie du partage/à la demande.

Il est donc clair que les informations qui seront échangées dans le cadre des règles types de déclaration de l'OCDE seront d'une grande utilité pour les autorités en vue d'améliorer le respect de la TVA/TPS dans des secteurs clés de l'économie du partage/à la demande, notamment les secteurs des transports, des services personnels et du logement (OCDE, 2020[3]). Il est important que l'administration fiscale veille à ce que les informations échangées dans le cadre de ces règles soient utilisées efficacement pour répondre à leurs besoins de déclaration de TVA/TPS au niveau national ainsi que pour soutenir la coopération internationale en matière de TVA/TPS dans ce contexte. Cela permettra notamment d'atténuer les risques de prolifération non coordonnée des obligations de déclaration qui auraient une incidence négative sur l'efficacité et les coûts de la conformité et de l'administration fiscales, tant pour l'administration fiscale que pour les opérateurs économiques.

Lorsque les informations échangées en vertu de ces Règles types de déclaration (OCDE, 2020[3]) sont destinées à être utilisées à des fins autres que l'administration d'impôts directs par l'administration fiscale destinatrice, les juridictions doivent s'assurer que ces informations sont échangées et utilisées conformément aux dispositions pertinentes en matière de confidentialité et d'utilisation appropriée de l'instrument d'échange international applicable, tel que l'article 22 de la Convention multilatérale concernant l'assistance administrative mutuelle en matière fiscale (OECD/Council of Europe, 2011[8]).

Si les informations couvertes par les Règles types de déclaration s'avéreront donc précieuses aux fins du respect des règles de TVA/TPS concernant une gamme importante de prestations relevant de l'économie du partage/à la demande, notamment dans des secteurs susceptibles de nécessiter une attention particulièrement urgente compte tenu de leur ampleur et de leur potentiel de croissance future, il est reconnu que ces règles peuvent ne pas répondre à tous les besoins en matière de TVA/TPS (OCDE, 2020[3]). Cela peut, par exemple, être le cas pour des services qui sont soumis à la TVA/TPS dans une autre juridiction que celle où se trouve le prestataire concerné ou le bien immobilier concerné. De plus, la fréquence annuelle de l'échange d'informations peut ne pas répondre à tous les besoins de déclaration de la TVA/TPS (étant donnée la nature transactionnelle de la taxe et la fréquence plus élevée des obligations de déclaration et de paiement de la TVA/TPS). Dans ce contexte, il est reconnu qu'une nouvelle extension des exigences de déclaration aux fins de la TVA/TPS pourrait être nécessaire au fil du temps. Il est important de noter dans ce contexte que les Règles types de déclaration reconnaissent que la déclaration d'autres types de transactions est susceptible de devenir pertinente à l'avenir (OCDE, 2020[3]). Cela pourrait par exemple inclure des types de services qui ne font pas encore partie de son champ d'application, comme la location de biens mobiliers et le prêt entre particuliers. Les Règles types de déclaration prévoient que le développement et l'élargissement possibles de ces règles tiendront dûment compte des exigences en matière de respect de la TVA/TPS, notamment en déterminant le champ d'application de la déclaration et les flux de déclaration (OCDE, 2020[3]).

Les juridictions ne sont pas dans l'obligation de mettre en œuvre les Règles types de déclaration (OCDE, 2020[3]). Il s'agit plutôt d'inviter les juridictions qui souhaitent introduire des règles de déclaration applicables à l'économie du partage/à la demande à le faire d'une manière qui soit cohérente avec les Règles types de déclaration (OCDE, 2020[3]). C'est censé améliorer la cohérence des régimes de déclaration entre les juridictions, afin de promouvoir et de faciliter la coopération internationale entre les administrations fiscales, y compris à l'égard du respect des règles de TVA/TPS dans l'économie du partage/à la demande. En favorisant l'échange international d'informations, les Règles types de déclaration constituent possiblement l'outil le plus puissant à disposition de l'administration fiscale pour collecter des renseignements sur les prestations et les fournisseurs soumis à la TVA/TPS dans leur juridiction depuis les plateformes non résidentes de l'économie du partage/à la demande (OCDE, 2020[3]).

Il s'agit d'un avantage important dont les Règles types de déclaration peuvent se prévaloir par rapport aux régimes de déclaration purement nationaux aux fins de la TVA/TPS, car il peut s'avérer difficile de faire appliquer ces exigences de déclaration aux opérateurs de plateformes non résidentes (OCDE, 2020[3]). Par ailleurs, les plateformes qui facilitent la réalisation de transactions dans de multiples juridictions peuvent se trouver confrontées à toute une série d'obligations de déclaration différentes, au niveau national, en l'absence de coordination, qui peuvent alourdir les coûts à supporter et potentiellement dresser des obstacles préjudiciables à la poursuite du développement de leurs activités, sans parler des effets négatifs sur la conformité et la qualité des données.

Par-dessus tout, la cohérence entre les approches des pays promue par les Règles types de déclaration vise à favoriser la conformité, à réduire les coûts connexes et la charge administrative ainsi qu'à améliorer l'efficacité des systèmes de TVA/TPS, en reconnaissant en particulier que les plateformes numériques sont potentiellement soumises à des obligations dans une pluralité de juridictions (OCDE, 2020[3]).

Les juridictions sont donc vivement invitées à exploiter, le cas échéant, le potentiel des Règles types de déclaration afin de superviser et d'améliorer le respect des règles de TVA/TPS au sein de l'économie du partage/à la demande (OCDE, 2020[3]).

Ces Règles types de déclaration pourraient plus généralement constituer la base appropriée d'une expansion future de la déclaration et de l'échange d'informations dans le domaine de la TVA/TPS (OCDE, 2020[3]).

3.3.5. Régime de responsabilité conjointe et solidaire

Au titre d'un régime de responsabilité conjointe et solidaire, si le fournisseur sous-jacent de l'économie du partage/à la demande ne respecte pas ses obligations en matière de TVA/TPS, l'administration fiscale se réserve la possibilité de déclarer la plateforme qui facilite les transactions de l'économie du partage/à la demande comme étant solidairement responsable de la TVA/TPS due. Le fournisseur sous-jacent demeure responsable au titre de la TVA/TPS. Un tel régime nécessite que les activités relevant de l'économie du partage/à la demande s'inscrivent dans le champ d'application de la TVA/TPS conformément à la législation nationale de la juridiction d'imposition et que le fournisseur de l'économie du partage/à la demande soit tenu d'enregistrer, de collecter et d'acquitter la TVA/TPS sur les prestations effectuées. Ce régime peut fonctionner selon deux variantes principales qui ne s'excluent pas mutuellement. En particulier :

- ***Dans la variante 1 du régime de responsabilité conjointe et solidaire***, la plateforme est tenue pour conjointement et solidairement responsable des **montants futurs de TVA/TPS qui ne seraient pas déclarés** par ses fournisseurs sous-jacents de l'économie du partage/à la demande, une fois que l'administration fiscale a détecté ces infractions, qu'elle les a signalées à la plateforme numérique, et que cette dernière n'a pas pris les mesures appropriées dans le nombre de jours imparti. Ces mesures prises par la plateforme numérique consistent généralement à garantir le respect de leurs obligations par les fournisseurs sous-jacents ou à les placer sous embargo. Cette variante peut en principe être mise en œuvre sans que l'administration fiscale ait à prouver que la plateforme numérique était informée que le fournisseur sous-jacent était défaillant.
- ***Dans la variante 2 du régime de responsabilité conjointe et solidaire***, la plateforme de l'économie du partage/à la demande peut être tenue pour conjointement et solidairement responsable **des montants de TVA/TPS qu'un fournisseur sous-jacent n'a pas déclarés dans le passé** alors qu'elle aurait raisonnablement dû s'attendre, au vu des activités de ce fournisseur sur la plateforme à ce que celui-ci se soit immatriculé pour la TVA/TPS alors qu'il ne l'a pas fait. Il revient à la juridiction d'imposition de déterminer dans quelles circonstances il existe une attente raisonnable.

Ce régime ne garantit pas nécessairement, en tant que tel, la collecte de toute TVA/TPS perdue. Par exemple, dans le cadre de la variante 1, la plateforme aurait la possibilité d'échapper au régime de responsabilité conjointe et solidaire en prenant les mesures de sauvegarde nécessaires à l'égard du fournisseur (c'est-à-dire en le bannissant de la plateforme). En effet, dans ce cas, l'administration fiscale n'aurait d'autre choix que de poursuivre la collecte de la TVA/TPS due par le fournisseur sous-jacent. Le régime de responsabilité conjointe et solidaire pourrait être considéré comme un outil visant à promouvoir et imposer le respect des règles par les fournisseurs sous-jacents au titre de la TVA/TPS, en incitant les plateformes de l'économie du partage/à la demande à exiger ce respect de la part des fournisseurs qui utilisent leur structure (et/ou en instaurant des mesures dissuasives pour lutter contre la tolérance du non-respect par les fournisseurs utilisant les plateformes).

Le diagramme suivant donne une description visuelle de ce régime.

Graphique 3.3. Régime de responsabilité conjointe et solidaire

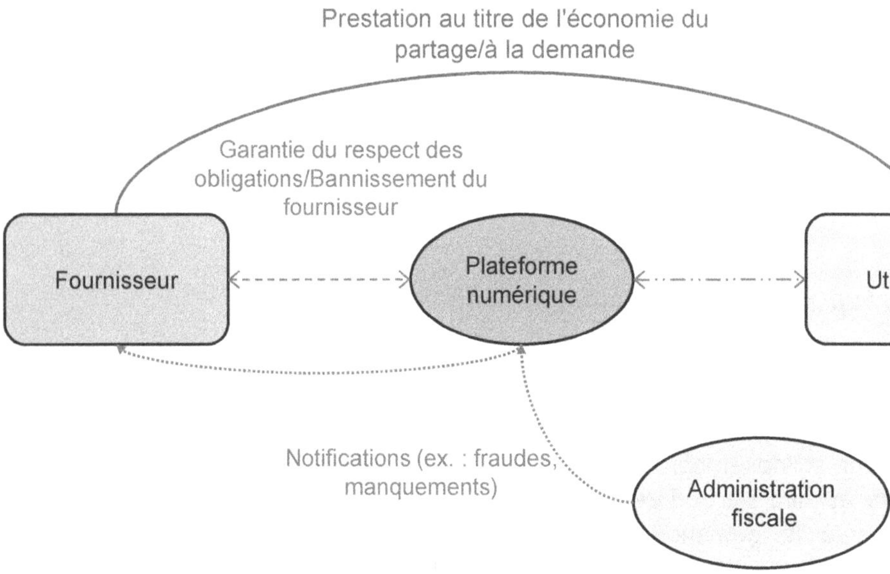

Source : Analyse de l'OCDE.

Tableau 3.6. Régime de responsabilité conjointe et solidaire

Opportunités et difficultés – Vue d'ensemble

Opportunités	Difficultés
• Il **constitue un mécanisme permettant d'imposer la conformité aux fournisseurs sous-jacents qui ne respectent pas leurs obligations TVA/TPS** notamment en exigeant des plateformes qu'elles interdisent leur exploitation par les fournisseurs sous-jacents non conformes. • **Cela peut avoir un effet préventif significatif car les fournisseurs de l'économie du partage/à la demande** ne voudront pas être exclus des plateformes. • Cela repose sur l'hypothèse qu'il est **de l'intérêt des plateformes de veiller à ce que les conditions de concurrence soient égales entre tous ses fournisseurs** et de bannir ceux qui n'en respectent pas les règles, et que les plateformes numériques seront ainsi conformes. • **Tirer parti de l'importance de la réputation et de la confiance dans l'économie du partage/à la demande**, pour les plateformes comme pour les fournisseurs. Il est raisonnable de penser que la mesure conservera un impact négatif sur les fournisseurs même s'ils parviennent à s'enregistrer à nouveau auprès d'une plateforme, par exemple en usant d'une identité différente (car le fournisseur perdra son profil de confiance). • Accroître l'efficacité des autres rôles. Une responsabilité conjointe et solidaire peut notamment être **utilisée comme solution alternative pour inciter au respect d'une obligation de partage d'informations**.	• Dans la variante 1 de la responsabilité conjointe et solidaire, l'administration fiscale doit d'abord détecter des infractions et communiquer une liste des **fournisseurs** défaillants à la ou aux plateformes sur lesquelles ces fournisseurs opèrent, **ce qui peut exiger de l'administration des efforts qui vont au-delà de ses capacités**. Dans la variante 2 de la responsabilité conjointe et solidaire, l'administration fiscale devra prouver en outre que l'opérateur de la plateforme était raisonnablement conscient que le fournisseur de l'économie du partage/à la demande ne respectait pas ses obligations fiscales. • L'efficacité de la variante 2 de la responsabilité conjointe et solidaire se heurte à une limite importante : une plateforme numérique ne sait pas toujours avec certitude si un fournisseur sous-jacent peut être soumis à l'enregistrement au titre de la TVA/TPS et au respect des règles y afférentes dans une juridiction qui applique un seuil d'enregistrement ou de collecte. **Il est courant que des fournisseurs de l'économie du partage/à la demande exploitent plusieurs plateformes.** Si l'activité de ces fournisseurs peut rester inférieure au seuil approprié sur chacune de ces plateformes, le cumul de leur activité agrégée peut le dépasser. • **Dans le secteur du logement,** la complexité de l'économie du partage/à la demande est renforcée par le fait que **l'identité d'un fournisseur sous-jacent n'est pas toujours facile à déterminer** par la plateforme qui l'héberge. C'est par exemple le cas lorsque la gestion et la publicité d'un bien immobilier sont effectuées par un agent professionnel pour le compte du propriétaire. Même lorsque les informations sur le fournisseur sous-jacent sont

Opportunités	Difficultés
	connues de la plateforme, elle peut associer le chiffre d'affaires généré à l'agent professionnel plutôt qu'au fournisseur sous-jacent (propriétaire ou autre). La même problématique peut s'appliquer aux locataires qui utiliseraient les plateformes pour générer des revenus supplémentaires, parfois à l'insu du propriétaire du bien ou sans son approbation. Les fournisseurs défaillants qui sont bannis d'une plateforme en vertu d'une obligation de responsabilité conjointe et solidaire de la plateforme, **peuvent s'inscrire à nouveau** sur la même plateforme ou sur une autre en usant d'une identité différente. Ces risques peuvent être limités dans la pratique. Dans le secteur du logement, les données sur la localisation d'un bien immobilier peuvent servir de filtre pour éviter de réenregistrer le même bien. De même, dans le secteur des transports, le numéro de permis de conduire peut être utilisé pour empêcher les conducteurs bannis de se réenregistrer.

Considérations relatives à la conception et au fonctionnement

Lorsqu'elles envisagent un rôle de responsabilité conjointe et solidaire pour les plateformes numériques en vue d'améliorer le respect des règles de TVA/TPS par les fournisseurs sous-jacents de l'économie du partage/à la demande, les administrations fiscales sont invitées à prendre en compte les aspects supplémentaires suivants :

- Il est primordial que les régimes de responsabilité conjointe et solidaire pour les plateformes de l'économie du partage/à la demande soient appliqués à l'ensemble de cette économie afin d'éviter que les fournisseurs défaillants ne poursuivent simplement leur activité sur d'autres plateformes. S'il s'avère qu'un fournisseur ne respecte pas ses obligations, toutes les plateformes sur lesquelles il est actif doivent en être averties.
- Un régime de responsabilité conjointe et solidaire doit veiller à ce qu'un délai raisonnable soit accordé aux acteurs bien intentionnés de l'économie du partage/à la demande pour régulariser leur situation en matière de TVA/TPS si nécessaire, c'est-à-dire pour que les fournisseurs s'enregistrent aux fins de la TVA/TPS lorsqu'ils sont tenus de le faire et pour que les plateformes bannissent/bloquent les fournisseurs défaillants. Les régimes de responsabilité conjointe et solidaire doivent donc notamment être cohérents avec l'exécution du processus d'une juridiction d'enregistrement aux fins de la TVA/TPS appliqué aux fournisseurs de l'économie du partage/à la demande (voir également la section 3.2.3). Dans la variante 1, il peut être approprié d'accorder un délai raisonnable à la plateforme pour qu'elle contacte dans un premier temps les fournisseurs qui ont été jugés défaillants et, si le non-respect des règles a effectivement été établi, pour qu'elle s'assure en outre que ces fournisseurs sous-jacents procèdent à leur enregistrement et fournissent à la plateforme le numéro de TVA/TPS.
- Dans la variante 1, les moyens de communication électroniques sont préférables à la communication papier pour ce qui est d'avertir les plateformes du non-respect des règles par des fournisseurs sous-jacents, en particulier pour les plateformes non résidentes. Il serait également efficace sur le plan pratique de désigner un point de contact au niveau de chaque plateforme chargé de la communication avec l'administration fiscale.
- La proportionnalité des régimes de responsabilité conjointe et solidaire doit être préservée. Dans le cadre de la variante 2 en particulier, il serait disproportionné de tenir une plateforme inconditionnellement responsable du non-versement de la TVA/TPS lorsqu'elle peut raisonnablement ne pas avoir eu connaissance de la défaillance, par exemple lorsqu'un fournisseur sous-jacent est enregistré mais déclare en partie seulement son activité dans sa

déclaration de TVA/TPS ou lorsqu'un fournisseur a dépassé un seuil d'enregistrement en volume d'activités sur une autre plateforme. Une disposition de protection pourrait être envisagée pour prémunir une plateforme contre la responsabilité dans le cadre d'un régime de responsabilité conjointe et solidaire si elle peut démontrer à l'administration fiscale qu'elle a engagé toutes les mesures raisonnables pour éviter les manquements des fournisseurs sous-jacents. Ainsi, l'administration fiscale pourrait imposer aux plateformes de mener un certain nombre de contrôles prédéfinis et limiter la responsabilité conjointe et solidaire aux cas où le fournisseur ne satisfait pas aux exigences fixées par ces contrôles.

- Pour être efficace, un régime de responsabilité conjointe et solidaire devra probablement être associé à une obligation de partage d'informations sur les plateformes, notamment parce que les fournisseurs sous-jacents sont susceptibles d'exploiter plusieurs plateformes. En effet, les fournisseurs de l'économie du partage/à la demande exploitent souvent plusieurs plateformes, raison pour laquelle il est difficile pour l'administration fiscale et les plateformes de savoir si et quand un seuil d'enregistrement a été franchi, le cas échéant. L'administration fiscale sera mieux à même de superviser la conformité des fournisseurs de l'économie du partage/à la demande à cet égard si les plateformes partagent avec elle leurs informations sur ces fournisseurs sous-jacents.

3.3.6. Régime de responsabilité intégrale

En vertu du régime de responsabilité intégrale en matière de TVA/TPS, la plateforme numérique est désignée par la loi comme le fournisseur aux fins de l'assujettissement à la TVA/TPS. Dans le cadre de ce régime, la plateforme numérique est seule et entièrement responsable du calcul et de la collecte de la TVA/TPS afférente à l'activité de l'économie du partage/à la demande qui passe par la plateforme et de son versement à l'administration fiscale de la juridiction d'imposition, conformément à la législation sur la TVA/TPS de cette juridiction. Ce régime de responsabilité est limité aux seules obligations en matière de TVA/TPS. Il n'affecte aucun autre aspect de la responsabilité des plateformes numériques au-delà de la TVA/TPS.

Le fournisseur sous-jacent de l'économie du partage/à la demande est en principe exonéré de toute responsabilité de TVA/TPS sur les prestations à son client/utilisateur. Afin d'éviter une rupture dans la chaîne de paiement fractionné, il est possible, dans le régime de responsabilité intégrale pour la TVA/TPS, de considérer que le fournisseur sous-jacent a effectué sa fourniture à la plateforme numérique, qui elle-même l'a livrée au client/à l'utilisateur.

En fonction de l'objectif politique, les variantes possibles du régime de responsabilité intégrale pourraient inclure :

- **Variante 1** : le régime de responsabilité intégrale ne s'applique que dans les cas où le fournisseur sous-jacent est considéré comme un assujetti à la TVA/TPS en vertu du droit national.
- **Variante 2** : le régime de responsabilité intégrale s'applique quel que soit le statut du fournisseur sous-jacent aux fins de la TVA/TPS en vertu du droit national.

Le diagramme suivant donne une description visuelle du rôle.

Graphique 3.4. Régime de résponsabilité intégrale

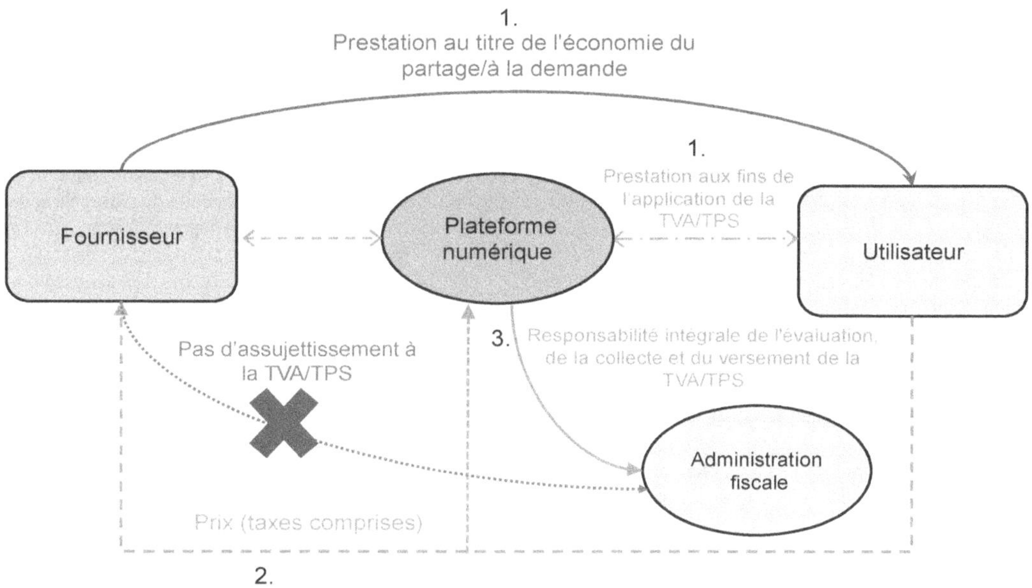

Note : Les chiffres figurant dans le graphique ne servent qu'à identifier les séquences du processus sans indiquer leur enchaînement dans l'ordre chronologique.
Source : Analyse de l'OCDE.

Tableau 3.7. Régime de responsabilité intégrale

Opportunités et difficultés – Vue d'ensemble

Opportunités	Difficultés
• **Réduction significative des coûts et des risques de pertes de recettes ainsi que des risques de non-conformité pour l'administration de la TVA/TPS.** Les efforts de l'administration fiscale en matière d'administration, de surveillance et de collecte de la TVA/TPS sur le volume sans cesse croissant des activités de l'économie du partage/à la demande peuvent se concentrer sur le nombre assez faible de plateformes qui facilitent une part importante de cette économie, au lieu de porter sur le nombre sans cesse croissant des nouveaux (et souvent petits) fournisseurs de cette économie. Cela passe par la réduction de la charge administrative et du risque associé au recouvrement d'un grand nombre de petites dettes de TVA/TPS. • **Cela pourrait bien être la seule option envisageable pour l'administration fiscale ayant une capacité administrative limitée** de prélever la TVA/TPS sur les activités relevant de l'économie de partage/à la demande dans leur juridiction. • **Possibilité d'améliorer les niveaux globaux de conformité à la TVA/TPS**, car les plateformes de l'économie du partage/à la demande, en particulier les plus grandes, sont les mieux placées pour répondre aux obligations de conformité. Elles sont les plus susceptibles d'avoir accès aux ressources et aux informations nécessaires et d'exprimer une incitation réputationnelle à la conformité.	• **Les fournisseurs de l'économie du partage/à la demande et les prestations qui n'étaient pas assujettis à la TVA/TPS peuvent le devenir simplement du fait de l'application d'un régime de responsabilité intégrale**. Cela pourrait résulter du fait que la détermination du statut TVA/TPS et l'application des seuils d'enregistrement et/ou de collecte de la TVA/TPS se font au niveau de la plateforme du régime de responsabilité intégrale plutôt qu'au niveau du fournisseur individuel de l'économie du partage/à la demande. Dans le cadre de la variante 1 du régime de responsabilité intégrale, les prestations qui ne seraient normalement pas soumises à la TVA/TPS en dessous d'un seuil d'enregistrement ou de collecte de l'impôt d'un fournisseur peuvent donc devenir soumises à la TVA/TPS. De plus, en vertu de la variante 2 du régime de responsabilité intégrale, les prestations de particuliers qui s'inscrivent normalement hors du champ d'application de la TVA/TPS (y compris le C2C) peuvent être soumises à la TVA/TPS. Cela peut avoir un effet négatif important sur les revenus et/ou les marges bénéficiaires des fournisseurs de l'économie du partage/à la demande. Cela peut également augmenter le nombre d'assujettis à la TVA/TPS qui pourraient prétendre à une déduction de la TVA/TPS en amont en l'absence de mesures de simplification ciblées. Cela pourrait également dissuader les catégories de fournisseurs de l'économie du partage/à la demande possiblement affectés d'utiliser les plateformes du régime

Opportunités	Difficultés
• **Capacité de faciliter la conformité pour les fournisseurs sous-jacents de l'économie du partage/à la demande soumis à la TVA/TPS,** notamment en ce qui concerne le calcul et le versement de la taxe. Les fournisseurs sous-jacents peuvent encore devoir se conformer aux obligations de déclaration de la TVA/TPS, notamment en tenant des registres afin de démontrer que les prestations ont transité par la plateforme qui a collecté et versé la TVA/TPS. • **Capacité de protéger et/ou d'élargir la base d'imposition en formalisant de (nouvelles) activités** qui pourraient sinon demeurer dans l'économie informelle, puisque les fournisseurs de l'économie du partage/à la demande peuvent ne pas disposer de la capacité et/ou des incitations pour se conformer à leurs obligations fiscales et autres obligations réglementaires (municipales, sanitaires, etc.). • **Capacité de réduire l'effet de distorsion du non-respect de la TVA/TPS** pour les acteurs respectueux des obligations.	de responsabilité intégrale et entraîner une distorsion concurrentielle pour ces plateformes. Il est conseillé à l'administration fiscale d'évaluer soigneusement ces conséquences, susceptibles de varier d'un secteur à l'autre. • **Des difficultés particulières pourraient se poser à l'administration fiscale concernant la gestion de la déduction de la TVA/TPS en amont pour les fournisseurs de l'économie du partage/à la demande** dont les prestations deviennent soumises à la TVA/TPS suite à l'application du régime de responsabilité intégrale (voir point précédent). Il peut s'agir, par exemple, des conducteurs qui demandent la déduction de la TVA/TPS en amont sur leur véhicule et les frais de carburant. Il peut en résulter une charge administrative considérable et des risques de conformité (notamment en ce qui concerne la déduction de la TVA/TPS sur les biens utilisés à des fins professionnelles et privées) et entraîner une réduction très importante des recettes nettes provenant de l'application du régime de responsabilité intégrale. Une mesure de simplification (comme un crédit forfaitaire de TVA/TPS en amont) pourrait être envisagée pour gérer ce risque. • **Les risques d'application peuvent augmenter du fait du transfert de l'obligation de TVA/TPS d'un assujetti (le fournisseur au titre de l'économie du partage/à la demande) présent dans la juridiction fiscale vers une plateforme qui peut se trouver hors de la juridiction fiscale.** Les fournisseurs de l'économie du partage/à la demande sont souvent susceptibles d'avoir une présence dans la juridiction d'imposition. C'est notamment le cas dans les secteurs importants de l'hébergement et du transport de l'économie du partage/à la demande, qui sont (respectivement) généralement soumis à la TVA/TPS dans la juridiction où se situe le bien immobilier et où le transport a lieu. En théorie, le transfert de la responsabilité de la TVA/TPS pour ces prestations vers une plateforme non résidente peut accentuer les risques d'application. Ces risques peuvent également impliquer des montants considérables par plateforme. Dans la pratique, cependant, ces plateformes ont des incitations importantes à respecter les obligations, notamment en matière de réputation et de réglementation (en particulier pour les opérateurs de plateformes cotées en bourse). • **Une difficulté supplémentaire peut résulter du transfert des processus de conformité à la TVA/TPS des fournisseurs qui les respectent déjà et s'acquittent de la TVA/TPS sur une plateforme** (notamment dans un modèle économique « plateforme dans plateforme »). Afin d'atténuer ces risques, on pourrait imaginer de restreindre le champ d'application d'un régime de responsabilité intégrale aux fournisseurs sous-jacents de l'économie du partage/à la demande en dessous d'un certain seuil (en reconnaissant que cela peut engendrer des difficultés propres aux plateformes, notamment celle de devoir superviser les seuils des fournisseurs). • **L'interaction entre le fait que la plateforme est réputée avoir effectué la prestation sous-jacente et les règles du lieu d'imposition peut nécessiter un examen approfondi dans le cas des prestations transfrontalières.** Cela peut être moins pertinent pour les services d'hébergement lorsque, contrairement au transport, il existe déjà des principes directeurs internationalement admises en matière de détermination de la juridiction fiscale à des fins de consommation (Principes

Opportunités	Difficultés
	directeurs internationaux pour la TVA/TPS, directive 3.8. (OCDE, 2017[4])). • Il est possible que toutes les plateformes ne soient pas raisonnablement **en mesure de se conformer au régime de responsabilité intégrale, en particulier les petites plateformes et celles de création récente** • **Il peut être difficile pour les plateformes dispensant des services mixtes ou groupés de déterminer le traitement TVA/TPS approprié de ces services Par exemple**, un forfait de voyage comprenant l'hébergement, le transport, les repas, les excursions, etc.

Considérations relatives à la conception et au fonctionnement

Le tableau ci-dessus montre qu'un régime de responsabilité intégrale peut donner à l'administration fiscale un grand potentiel pour faciliter l'application efficace de la TVA/TPS aux activités de l'économie du partage/à la demande et pour améliorer les niveaux globaux de respect des règles relatives à la TVA/TPS dans ce contexte. Plusieurs difficultés peuvent cependant se présenter, certaines de très grande ampleur selon la conception du régime et le secteur auquel il s'applique (son envergure, sa complexité, sa nature transfrontalière, etc.). Il sera important pour l'administration fiscale de rechercher l'équilibre approprié entre ces difficultés et ces opportunités, ce qui sera possible en accompagnant le régime de responsabilité intégrale de mesures de simplification visant à limiter à l'attention des fournisseurs sous-jacents de l'économie du partage/à la demande les aspects de conformité à la TVA/TPS (voir ci-dessous et à la section 3.2.2 ci-dessus pour plus de détails). Outre ce qui a été exposé ci-avant, l'administration fiscale est encouragée à prendre en compte les aspects suivants :

- Lorsqu'elle vérifie si une plateforme de l'économie du partage/à la demande est en mesure de respecter un régime de responsabilité intégrale, l'administration fiscale est invitée à tenir compte essentiellement des deux aspects essentiels suivants :
    - Si la plateforme de l'économie du partage/à la demande a accès à des informations suffisantes et précises pour déterminer l'application de la TVA/TPS appropriée. En particulier, la plateforme aura besoin des informations utiles pour déterminer les éléments essentiels de manière fiable : l'identification et (dans le cadre de la variante 1) le statut de ses fournisseurs sous-jacents de l'économie du partage/à la demande ; la nature de la prestation ; sa valeur ; et le traitement au regard de la TVA/TPS (y compris le lieu d'imposition, les exonérations possibles, le taux). Le traitement à appliquer au regard de la TVA/TPS n'est pas toujours aussi évident et peut nécessiter l'accès à des éléments d'information spécifiques. Par exemple, dans le secteur du logement, les prestations peuvent être traitées différemment selon qu'elles concernent la location d'un appartement meublé ou non meublé, avec ou sans services supplémentaires (de type hôtelier). De même, dans le secteur des transports, le traitement au regard de la TVA/TPS peut différer selon que l'on s'intéresse à un service de covoiturage contre rémunération ou d'un covoiturage dans le cadre d'un accord de partage des coûts (lorsque les passagers contribuent au coût estimé du trajet pour le conducteur, par exemple – voir l'annexe D).
    - Si la plateforme de l'économie du partage/à la demande a les moyens (la capacité) de collecter la TVA/TPS due au titre des activités des opérateurs de l'économie du partage/à la demande. Une plateforme doit raisonnablement avoir les moyens (capacité) de collecter la TVA/TPS due au titre des activités des opérateurs de l'économie du partage/à la demande qu'elle facilite lorsqu'elle est impliquée dans le processus de paiement électronique de ces activités. Le chapitre 1 de ce Rapport souligne que l'utilisation du paiement électronique (souvent en ligne)

est l'une des caractéristiques types de l'économie du partage/à la demande. Des difficultés peuvent survenir lorsque les paiements sont effectués en espèces, ce qui peut toujours être le cas dans le secteur des transports, notamment dans les économies en développement. Dans de tels cas, l'administration fiscale devra envisager une solution qui limite les risques financiers et les contraintes liées à la discipline fiscale pour les plateformes, afin d'éviter d'avoir possiblement à (pré)financer la TVA/TPS pour les fournisseurs sous-jacents qui sont rémunérés en espèces par leurs clients.

- Les fonctions effectuées par une plateforme de l'économie du partage/à la demande dans le cours normal de ses activités peuvent servir d'indicateurs utiles concernant la capacité de cette plateforme à respecter le régime de responsabilité intégrale, au vu des deux aspects essentiels décrits ci-avant. Les indicateurs (non exhaustifs) particulièrement utiles sont notamment :
  - le niveau de contrôle que la plateforme exerce en établissant les conditions de la prestation (par exemple, un degré élevé de standardisation du service et une connaissance approfondie des activités des fournisseurs de l'économie du partage/à la demande) ;
  - le contrôle du paiement de la prestation des activités des opérateurs de l'économie du partage/à la demande (directement ou indirectement) ;
  - la mesure dans laquelle la plateforme se présente au consommateur comme son fournisseur (approche « orientée consommateur »), le degré de garantie que fournit la plateforme quant à la qualité des services, la protection de la sécurité, le remboursement en cas d'annulation d'un service insatisfaisant...

  En revanche, les plateformes qui ne font que répertorier ou promouvoir des services, ou qui se contentent de traiter des paiements, ou qui ne fournissent que les moyens techniques ou la capacité d'acheminer des données (par exemple, l'accès au réseau internet par câble, satellite, etc., du stockage de données, etc.) ne seront probablement pas en mesure de respecter un régime de responsabilité intégrale et peuvent donc être exclues de son champ d'application. La liste des fonctions figurant à l'annexe A. du rapport de 2019 sur les plateformes numériques est tout aussi pertinente pour l'application du régime de responsabilité intégrale sur les plateformes facilitant les prestations au titre de l'économie du partage/à la demande (voir l'annexe E du présent Rapport) (OCDE, 2019[1]). Dans tous les cas un régime de responsabilité intégrale doit être conçu de manière aussi évolutive et flexible que possible étant donné l'évolution constante de l'économie du partage/à la demande et, plus généralement, de l'économie des plateformes numériques, ce qui peut avoir influer sur l'éligibilité des plateformes à un tel régime

- Pour améliorer et faciliter le respect de leurs obligations par les plateformes non résidentes, il est conseillé d'appliquer un régime d'enregistrement simplifié, comme le recommandent les principes directeurs internationaux pour l'application de la TVA/TPS (OCDE, 2017[4]), pour que ces plateformes se conforment aux obligations en matière de TVA/TPS dans le cadre d'un régime de responsabilité intégrale. Lorsque les procédures de conformité sont trop complexes, leur application aux plateformes numériques non résidentes peut déboucher sur un non-respect des obligations, ou sur un refus de la part de certaines plateformes numériques d'exercer dans certaines juridictions. Les difficultés liées à l'application des obligations sur les plateformes qui sont hors de la juridiction fiscale sont examinées plus en détail au chapitre 4.
- Afin d'éviter une rupture dans la chaîne de paiement fractionné, il est possible, dans le régime de responsabilité intégrale pour la TVA/TPS, de considérer que le fournisseur sous-jacent a effectué sa fourniture à la plateforme de l'économie du partage/à la demande, qui elle-même l'a livrée au client/à l'utilisateur. Dans ce contexte, la juridiction fiscale peut vouloir traiter cette transaction comme étant à taux zéro et/ou soumise à des contraintes moindres liées à la discipline fiscale en matière de TVA/TPS pour les fournisseurs comme pour les plateformes, afin, d'une part, de réduire les risques sur les recettes pour l'administration fiscale (découlant de la production de TVA/TPS déductible pour les plateformes numériques à collecter auprès des fournisseurs sous-jacents) et,

d'autre part, de réduire les frais de trésorerie pour les plateformes (du fait de devoir verser la TVA/TPS à leurs fournisseurs sous-jacents et de la déduire ensuite via leur déclaration de TVA/TPS).

- Pour atténuer la charge administrative et les risques de conformité liés aux demandes de déduction de la TVA/TPS en amont par les fournisseurs sous-jacents de l'économie du partage/à la demande, il pourrait être envisagé de renforcer le régime de responsabilité intégrale par une mesure de simplification pour les fournisseurs sous-jacents, telle qu'un régime d'impôt forfaitaire ou fixe ou un régime de crédit de TVA/TPS en amont via la déclaration d'impôt sur le revenu du fournisseur (voir l'analyse approfondie en section 3.2.2. ci-avant).
- L'application d'un taux zéro aux redevances facturées par la plateforme numérique à ses fournisseurs sous-jacents de l'économie du partage/à la demande, en fonction du modèle économique utilisé, pourrait être envisagée pour réduire davantage encore les montants possibles de TVA/TPS déductible en amont pour les fournisseurs (et simplifier davantage leur conformité à la TVA/TPS), pour atténuer les coûts de trésorerie pour ces fournisseurs sous-jacents et pour éviter la double imposition au cas où ces redevances (et la TVA/TPS qui s'y applique) seraient intégrées dans le prix final de la prestation des activités des opérateurs de l'économie du partage/à la demande sur laquelle la TVA/TPS est collectée par la plateforme.
- Un régime de responsabilité intégrale pour les plateformes de l'économie du partage/à la demande nécessite des règles simples et directes avec une définition claire des obligations en matière de TVA/TPS des plateformes et des fournisseurs sous-jacents. Cela inclut des règles claires sur le statut au regard de la TVA/TPS de la relation entre le fournisseur sous-jacent et la plateforme numérique et les obligations de conformité connexes (facturation, déclaration, etc.).
- Le régime de responsabilité intégrale nécessite également un examen minutieux de la conception et du fonctionnement des seuils (le cas échéant), en particulier s'ils s'appliquent au niveau de la plateforme ou du fournisseur sous-jacent, ainsi que de leur mode de calcul (la plateforme dispose-t-elle de la capacité et des informations nécessaires pour superviser les seuils de ses fournisseurs sous-jacents ?). Les décisions politiques à cet égard sont susceptibles d'avoir une incidence significative sur les recettes, la conformité et l'administration.
- Il convient de prendre en compte l'interaction entre le régime de responsabilité intégrale et les autres régimes spécifiques à la TVA/TPS tels que les régimes de la marge des organisateurs de circuits touristiques.
- Les plateformes numériques demanderont probablement la certitude que l'application d'un régime de responsabilité intégrale reste circonscrite à la TVA/TPS et qu'elle n'influence pas le traitement dans d'autres domaines, comme le droit du travail, par exemple.

3.3.7. Rôle de collecte/retenue

Dans le cadre d'un régime de collecte/retenue, la plateforme agit en tant que prestataire de services tiers ou pour le compte du fournisseur sous-jacent de l'économie du partage/à la demande pour calculer, collecter et acquitter la TVA/TPS due. Le diagramme suivant donne une description visuelle du rôle.

Principales caractéristiques

- La plateforme doit avoir les moyens (la capacité) de collecter/retenir la TVA/TPS due sur la prestation au titre de l'économie du partagé/à la demande qu'elle fournit et de la verser à l'administration fiscale de sa juridiction d'imposition. Le fournisseur sous-jacent de l'économie du partage/à la demande reste responsable devant l'administration fiscale de la TVA/TPS.
- Selon la conception, le fournisseur sous-jacent peut encore devoir remplir ses obligations de déclaration de TVA/TPS (le seul allégement réside donc dans le versement de la TVA/TPS via la plateforme).
- Un tel régime pourrait être conçu sur la base du volontariat (en vertu d'un accord entre le fournisseur sous-jacent et la plateforme) ou sur une base obligatoire (imposée par la loi).

Graphique 3.5. Rôle de collecte/Rôle de retenue

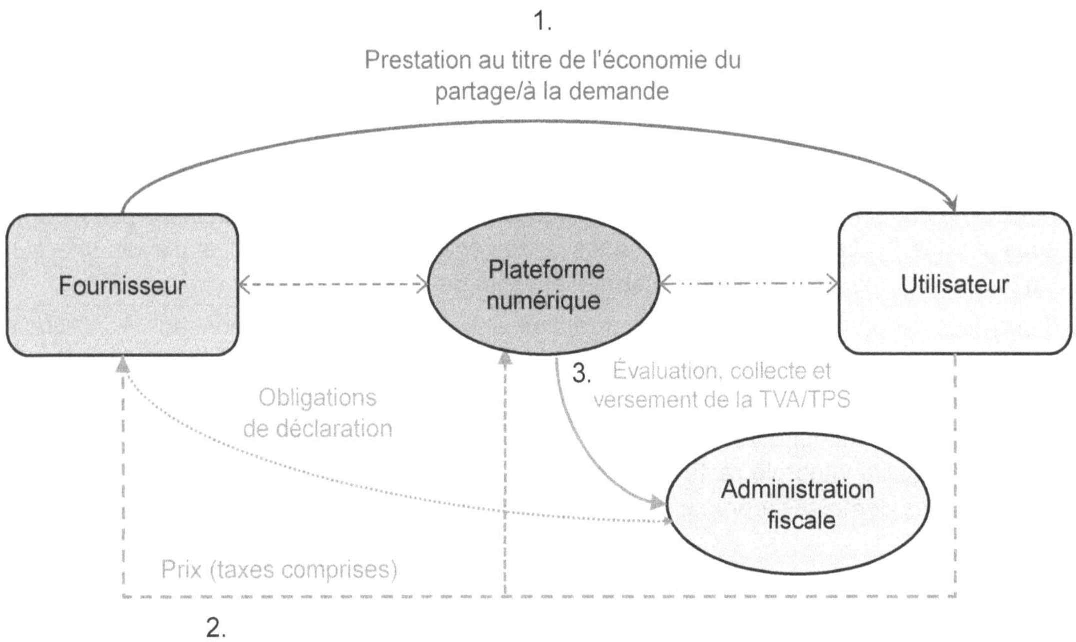

Note : Les chiffres figurant dans le graphique ne servent qu'à identifier les séquences du processus sans indiquer leur enchaînement dans l'ordre chronologique.
Source : Analyse de l'OCDE.

Tableau 3.8. Rôle de collecte/Rôle de retenue

Opportunités et difficultés – Vue d'ensemble

Opportunités	Difficultés
• **Cela peut faciliter considérablement le respect de la TVA/TPS pour les fournisseurs de l'économie du partage/à la demande dont les capacités sont limitées**, en les déchargeant de la responsabilité stratégique de calculer, collecter et verser à l'administration fiscale la TVA/TPS concernant leurs activités. Le fournisseur sous-jacent peut néanmoins toujours devoir remplir ses obligations de déclaration de TVA/TPS (par exemple aux fins de la déduction de la TVA/TPS en amont). • **Les plateformes peuvent jouer un rôle de collecte/retenue de la TVA/TPS dans le cadre de leur offre de services** auprès de leurs fournisseurs sous-jacents de l'économie du partage/à la demande sans assumer le risque d'une responsabilité intégrale en matière de TVA/TPS. • **Possibilité d'améliorer les niveaux globaux de conformité** car les plateformes sont généralement les mieux placées pour assurer une collecte correcte de la TVA/TPS appliquée aux transactions qu'elles traitent (en termes d'information, de ressources et de capacité technologique ainsi que d'incitation réputationnelle). • **Possibilité de protéger et/ou d'élargir l'assiette de la TVA/TPS** en assurant la collecte appropriée de la TVA/TPS sur des activités qui auraient sinon pu demeurer dans l'économie informelle. Sans l'aide des plateformes, la capacité et la motivation nécessaires peuvent souvent faire défaut aux fournisseurs de l'économie du partage/à la demande pour formaliser leur activité et se conformer à leurs obligations fiscales et réglementaires (municipales, sanitaires, etc.). • En limitant les possibilités de non-respect de la TVA/TPS par les fournisseurs de l'économie du partage/à la demande, le régime de collecte/retenue est **susceptible de réduire le risque de distorsion de concurrence** avec les acteurs respectueux de la TVA/TPS.	• L'administration fiscale **aura encore à gérer et superviser les milliers de fournisseurs sous-jacents de l'économie du partage/à la demande** concernant leur conformité globale à la TVA/TPS, y compris leurs obligations de dépôt et de déclaration (le cas échéant). • **Dans le cas de règles complexes de TVA/TPS régissant les transactions sous-jacentes relevant de l'économie du partage/à la demande**, il peut s'avérer particulièrement difficile pour les plateformes de jouer un rôle de collecte ou de retenue. Lorsqu'un seuil d'enregistrement/de collecte s'applique à des fournisseurs sous-jacents de l'économie du partage/à la demande, son application peut être difficile à évaluer isolément pour n'importe quelle plateforme car les fournisseurs peuvent en exploiter plusieurs. La complexité peut également résulter de l'application de plusieurs taux et/ou exemptions de TVA/TPS. • Pour les fournisseurs sous-jacents de l'économie de partage/à la demande qui sont autorisés à déduire la TVA/TPS en amont en vertu des règles normales, **la collecte/retenue de la TVA/TPS via la plateforme peut conduire à une position structurelle de crédit de TVA/TPS en amont.** Cela s'applique notamment lorsque la TVA/TPS en amont reste déductible par le fournisseur sous-jacent en vertu des règles normales régissant la TVA/TPS, car il peut y avoir une absence ou une insuffisance de TVA/TPS en aval par rapport à laquelle la TVA/TPS en amont déductible peut être créditée. Cela peut générer une pression considérable sur la trésorerie des fournisseurs sous-jacents et compliquer la tâche de l'administration de la TVA/TPS d'avoir à traiter un nombre potentiellement important de petites demandes de remboursement émanant de fournisseurs de l'économie du partage/à la demande. Ces difficultés peuvent varier d'un secteur à l'autre et perdre en complexité lorsque les fournisseurs sous-jacents sont moins exposés à des montants importants de TVA/TPS déductible en amont (par exemple, les activités qui reposent principalement sur le travail). L'application de mesures visant à simplifier la déduction de la TVA/TPS en amont ou la gestion des fournisseurs sous-jacents peut réduire davantage encore les difficultés dans ce contexte (voir section 3.2.2 ci-dessus). • Si l'on peut généralement s'attendre à ce que les plateformes de l'économie de partage/à la demande respectent leurs obligations dans le cadre d'un régime de collecte/retenue de la TVA/TPS (en particulier les grands opérateurs établis), **des problèmes d'application pourraient se poser concernant les plateformes non résidentes.** Le problème peut être particulièrement prégnant pour les petites plateformes et celles de création récente moins bien établies. C'est notamment lorsque ce régime n'est pas obligatoire que la coopération administrative et l'échange d'informations entre la juridiction d'imposition et la juridiction d'implantation de la plateforme peuvent être difficiles, dans la mesure où il n'existe pas de statut juridique défini (assujettissement à la TVA/TPS) pour la plateforme qui est chargée de la collecte/retenue.

Opportunités	Difficultés
	• **La fraude par les fournisseurs sous-jacents de l'économie du partage/à la demande ne peut être totalement exclue car la responsabilité des plateformes** est simplement de collecter/retenir la TVA/TPS sur la base des informations dont elles disposent.

Considérations relatives à la conception et au fonctionnement

L'administration fiscale peut souhaiter prendre en considération les aspects politiques et opérationnels supplémentaires suivants lors de la conception d'un régime éventuel de collecte/retenue pour les plateformes de l'économie du partage/à la demande afin de soutenir le respect des obligations en matière de TVA/TPS par les fournisseurs de l'économie du partage/à la demande :

- Un régime de collecte/retenue fonctionne comme une version allégée d'une responsabilité intégrale, en cela que la plateforme collecte/retient la TVA/TPS due sur les transactions relevant de l'économie du partage/à la demande dont elle assure la fourniture et la reverse à l'administration fiscale sans endosser une responsabilité plus importante en matière de TVA/TPS vis-à-vis de cette administration. Le fournisseur sous-jacent de l'économie du partage/à la demande reste en définitive responsable devant l'administration fiscale de la TVA/TPS sur ses transactions. Il n'est donc pas nécessaire de considérer la plateforme comme le fournisseur des transactions sous-jacentes de l'économie du partage/à la demande (comme au titre du régime de responsabilité intégrale), ni de considérer la plateforme numérique comme ayant reçu la fourniture du fournisseur sous-jacent de l'économie du partage/à la demande et l'ayant livrée au client/à l'utilisateur. Toutefois, un rôle de collecte/retenue implique un certain nombre d'obligations en matière de TVA/TPS et de possibles risques de conformité pour les plateformes, ce qu'il est particulièrement important de prendre en compte lors de la définition du cadre juridique d'un tel régime. Dans ce contexte, les considérations relatives à l'élaboration et au fonctionnement abordées au titre de la responsabilité intégrale (voir section 3.3.6) sont tout aussi pertinentes dans le cadre de l'élaboration d'un rôle de collecte/retenue. En particulier, les deux conditions clés suivantes sont essentielles au bon fonctionnement des deux régimes :
    - La plateforme éligible doit détenir ou avoir accès à des informations suffisantes et précises pour pouvoir déterminer de manière appropriée la TVA/TPS en ce qui concerne la fourniture sous-jacente de TVA/TPS (statut du fournisseur et du client/utilisateur sous-jacents, nature de la fourniture, prix, taux de TVA/TPS applicable, lieu d'imposition...) ;
    - La plateforme doit avoir les moyens (la capacité) de collecter/retenir la TVA/TPS due sur la fourniture de l'économie du partage/à la demande qu'elle assure. Cela signifie, en principe, que la plateforme devrait participer d'une manière ou d'une autre (directement ou indirectement) au paiement de la fourniture sous-jacente par le client/l'utilisateur ou être raisonnablement en mesure d'assurer cette participation.
- Les fournisseurs sous-jacents de l'économie du partage/à la demande restent en définitive assujettis à la TVA/TPS due sur leurs transactions, même si cette taxe est collectée/retenue et remise à l'administration fiscale par la plateforme qui traite ces transactions. Ces fournisseurs sous-jacents doivent par conséquent être informés des montants de TVA/TPS à collecter/retenir et versés par la plateforme à l'administration fiscale en leur nom, afin de respecter leur obligation de déclaration. Cela pourrait impliquer une déclaration récapitulative régulière des montants de TVA/TPS collectés/retenus et versés, à délivrer par la plateforme au fournisseur sous-jacent L'administration fiscale devra en tenir compte lors de l'examen du régime de dépôt et de déclaration des fournisseurs sous-jacents de l'économie du partage/à la demande, afin de s'assurer que les moyens et le délai sont suffisants pour recevoir et traiter les données de la

plateforme. Des mesures de simplification visant à limiter les obligations de dépôt et de déclaration des fournisseurs de l'économie du partage/à la demande pourraient permettre de relever ce défi (voir notamment la section 3.2.3.).

- À la lumière de ce qui précède, l'administration fiscale doit avoir conscience que l'obligation pour chaque fournisseur sous-jacent de verser la TVA/TPS aux autorités fiscales séparément et la déclaration associée (en rapprochant les montants versés à chaque fournisseur sous-jacent individuellement) peut s'avérer difficile pour les plateformes de l'économie du partage/à la demande, en particulier pour les petites plateformes et celles de création récente et/ou les plateformes qui sont confrontées à des obligations de collecte/retenue dans plusieurs juridictions.
- Des régimes de protection peuvent devoir être envisagés afin de protéger à la fois les plateformes et les fournisseurs sous-jacents contre la responsabilité d'éventuelles erreurs commises de bonne foi et en dépit d'efforts raisonnables. Ainsi, cela pourrait s'appliquer à une plateforme numérique s'appuyant sur des informations qui se sont révélées incorrectes malgré les efforts raisonnables mis en œuvre pour en vérifier la validité. Cela pourrait aussi s'appliquer à un fournisseur sous-jacent pour des erreurs relevant de la plateforme alors qu'elle avait fourni en temps opportun des informations correctes.

Références

Milanez, A. et B. Bratta (2019), « Taxation and the future of work: How tax systems influence choice of employment form », *OECD Taxation Working Papers*, n° 41, OECD Publishing, Paris, https://dx.doi.org/10.1787/20f7164a-en. [9]

OCDE (2020), *Règles types de déclaration à l'intention des vendeurs relevant de l'économie du partage et de l'économie à la demande*, https://www.oecd.org/fr/fiscalite/echange-de-renseignements-fiscaux/regles-types-declaration-intention-des-vendeurs-relevant-economie-du-partage-et-economie-a-la-demande.pdf (consulté le 4 avril 2021). [3]

OCDE (2019), *Le rôle des plateformes numériques dans la collecte de la TVA/TPS sur les ventes en ligne*, Éditions OCDE, Paris, https://dx.doi.org/10.1787/0aef4c54-fr. [1]

OCDE (2017), *Mécanismes pour la collecte effective de la TVA/TPS - OCDE*, OCDE, Paris, http://www.oecd.org/fr/ctp/beps/mecanismes-pour-la-collecte-effective-de-la-tva-tps.htm (consulté le 24 mai 2019). [5]

OCDE (2017), *Principes directeurs internationaux pour la TVA/TPS*, Éditions OCDE, Paris, https://dx.doi.org/10.1787/9789264272958-fr. [4]

OECD (2020), *Code of Conduct: Co-operation between tax administrations and sharing and gig economy platforms*, OECD, Paris, http://www.oecd.org/tax/forum-on-tax-administration/publications-and-products/code-of-conduct-co-operation-between-tax-administrations-and-sharing-and-gig-economy-platforms.pdf (consulté le 25 février 2021). [7]

OECD (2019), *Implementing Online Cash Registers: Benefits, Considerations and Guidance*, OECD , Paris, http://www.oecd.org/ctp/implementing-online-cash-registers-benefits-considerations-and-guidance.htm (consulté le 25 février 2021). [2]

OECD (2019), *Tax Administration 2019: Comparative Information on OECD and other Advanced and Emerging Economies*, OECD Publishing, Paris, https://dx.doi.org/10.1787/74d162b6-en. [6]

OECD (2014), *Tax Compliance by Design: Achieving Improved SME Tax Compliance by Adopting a System Perspective*, OECD Publishing, Paris, https://dx.doi.org/10.1787/9789264223219-en. [10]

OECD/Council of Europe (2011), *La Convention mutilatérale concernant l'assistance administrative mutuelle en matière fiscale: Amendée par le Protocole de 2010*, OECD Publishing, Paris, https://doi.org/10.1787/9789264115682-fr. [8]

Notes

[1] Des considérations similaires sont également disponibles dans le document de travail de Milanez, A. et B. Bratta (2019), développé sous les auspices du Groupe de travail n° 2 et intitulé *Taxation and the future of work:How tax systems influence choice of employment form* (Milanez et Bratta, 2019[9]).

[2] Il est admis que le statut de TVA/TPS des acteurs de l'économie du partage/à la demande est déterminé conformément aux dispositions pertinentes de chaque législation nationale et ne rentre pas dans le champ d'application de ces travaux.

[3] Dans le cadre du présent Rapport, un intermédiaire financier est une tierce partie qui traite les paiements liés aux transactions réalisées par les fournisseurs sous-jacents de l'économie du partage/à la demande. Il ne faut pas confondre ces intermédiaires financiers avec les plateformes de l'économie du partage/à la demande qui mettent en contact les fournisseurs sous-jacents et les utilisateurs et rendent possible la fourniture d'une prestation au titre de l'économie du partage/à la demande. Pour ces plateformes de l'économie du partage/à la demande, les rôles de collecte et de déclaration sont examinés à la section 3.3. ci-dessous.

[4] Voir la publication du Forum on Tax Administration sur *la conformité fiscale dès la conception* (2014) qui rassemble les différents éléments de la technologie associés au commerce moderne dans un système (en tant que partie intégrante de celui que les PME utilisent pour mener à bien leurs activités quotidiennes) qui offre une et un flux sécurisé d'informations fiscales précises et de paiements d'impôts (OECD, 2014[10]).

[5] Les règles types de l'OCDE définissent un « Vendeur » comme étant un utilisateur d'une Plateforme qui est enregistré à tout moment au cours de la Période de déclaration sur la Plateforme aux fins de la prestation de Services visés. Dans ce contexte, les Vendeurs peuvent inclure des personnes physiques et des Entités. Aux fins du présent Rapport, les termes « Vendeur » et « Fournisseur » sont utilisés indifféremment l'un pour l'autre (OCDE, 2020[3]).

4 Risque de conformité et mesures d'application pour accompagner les réponses de politique et d'administration de la TVA/TPS face à l'essor de l'économie du partage/à la demande

Ce chapitre donne un aperçu général d'un certain nombre de mesures de gestion des risques de conformité et d'application auxquelles les autorités fiscales peuvent souhaiter réfléchir dans le cadre de leur stratégie globale en matière de TVA/TPS en réponse au développement de l'économie du partage/à la demande. Il examine le rôle de mécanismes de gestion de la conformité fondés sur les risques, de collecte et d'échange de renseignements ; l'importance d'une coopération entre administrations et de la coopération internationale entre autorités fiscales ; et la conception d'un régime punitif qui sanctionne concrètement les acteurs récalcitrants.

4.1. Introduction

Les chapitres 2 et 3 de ce rapport décrivent une approche globale pour concevoir une stratégie nationale en matière de TVA/TPS applicable à l'économie du partage/à la demande, et présentent une série de mesures que les autorités fiscales peuvent envisager de prendre pour mettre en œuvre cette stratégie, en tenant compte de leurs circonstances nationales spécifiques et de leurs principaux objectifs. Ce chapitre complète cette analyse en donnant un aperçu général d'un certain nombre de mesures de gestion des risques de conformité et d'application auxquelles les autorités fiscales peuvent souhaiter réfléchir dans le cadre de leur stratégie globale en matière de TVA/TPS en réponse au développement de l'économie du partage/à la demande.

Ces mesures devront s'intégrer dans la stratégie globale de conformité et d'application des juridictions, notamment pour garantir l'égalité des règles du jeu en matière de TVA/TPS entre l'économie du partage/à la demande et les secteurs concurrents de l'économie traditionnelle et de l'économie des plateformes au sens large. Cette approche globale du cadre de conformité et d'application du régime de TVA/TPS sera également nécessaire pour éviter que les prestataires de l'économie du partage/à la demande et d'autres acteurs adaptent leurs activités ou leur mode opératoire de façon à se soustraire à leurs obligations en matière de TVA/TPS.

Ce chapitre analyse en premier lieu le rôle de mécanismes de gestion de la conformité fondés sur les risques dans les stratégies de TVA/TPS applicables à l'économie du partage/à la demande, ainsi que la place essentielle qu'occupent la collecte et l'échange de données dans ce contexte. Il s'intéresse ensuite à l'importance de la coopération entre administrations et de la coopération internationale entre autorités fiscales. En conclusion, il aborde de façon succincte la conception d'une politique punitive qui sanctionne concrètement les infractions commises par les acteurs récalcitrants.

4.1.1. Gestion de la conformité fondée sur les risques

La gestion de la conformité au régime de TVA/TPS des acteurs de l'économie du partage/à la demande devra presque invariablement reposer sur une approche fondée sur les risques. Le nombre d'acteurs impliqués dans l'économie du partage/à la demande rend pratiquement impossible un traitement au cas par cas. Une telle approche fondée sur les risques devra recourir à un profilage efficace des risques posés par les différents acteurs, à partir d'indices qui reflètent notamment le risque éventuel pour les recettes publiques, l'impact possible sur l'intégrité du système fiscal et la probabilité que les risques se réalisent. Ces indicateurs de risque et le profilage associé peuvent devoir être adaptés au secteur concerné de l'économie du partage/à la demande et en fonction de l'objectif poursuivi par la juridiction en matière de TVA/TPS. Il est raisonnable de penser que les autorités fiscales peuvent souhaiter axer leurs efforts en priorité sur les secteurs de l'économie du partage/à la demande qui nécessitent l'attention la plus immédiate au regard de leur impact sur les recettes de la TVA/TPS et/ou des conséquences d'un traitement inégal au regard de la TVA/TPS sur la neutralité concurrentielle.

La mise en œuvre d'une telle stratégie de gestion de la conformité fondée sur les risques devra s'appuyer sur un recueil efficient de données relatives aux secteurs concernés de l'économie du partage/à la demande et sur une analyse de données solide. Au regard du rôle essentiel joué par la technologie et par les données numériques pour permettre aux secteurs de l'économie du partage/à la demande d'exercer leurs activités commerciales, l'utilisation des technologies par les autorités fiscales pour recueillir des données auprès de ces secteurs devrait renforcer leur capacité de gestion de la conformité fondée sur les risques. La section 3.2.6 de ce rapport examine l'utilisation de la technologie de l'information pour recueillir des données pertinentes sur la TVA/TPS par les autorités fiscales.

Les informations financières joueront nécessairement un rôle important dans la stratégie de conformité fondée sur les risques que les autorités fiscales appliqueront à l'économie du partage/à la demande. Les flux financiers reflètent les transactions effectives effectuées, et une analyse des risques et une vérification fiscale efficientes dans un secteur hautement automatisé et numérisé comme l'économie du partage/à la demande dépendront étroitement d'un contrôle croisé automatisé des informations, y compris des flux financiers. Aussi, il sera important que les administrations fiscales aient accès à des informations financières pour pouvoir gérer efficacement le respect des obligations en matière de TVA/TPS dans l'économie du partage/à la demande. La section 3.2.6 de ce rapport analyse la mise en place d'obligations déclaratives pour les intermédiaires financiers appartenant à l'économie du partage/à la demande, qui pourrait venir étayer les approches de gestion de la conformité fondée sur les risques suivies par les autorités fiscales tout en facilitant le processus global d'application des règles et d'administration.

Les informations détenues par les autorités fiscales à d'autres fins fiscales que la TVA/TPS ainsi que par d'autres organismes nationaux (section 4.1.2 ci-dessous) pourraient aussi être utiles. Ainsi, les informations réunies et échangées en vertu des Règles types de déclaration applicables aux vendeurs relevant de l'économie du partage et de l'économie à la demande (détaillées à la section 3.3.4) devraient ouvrir de multiples opportunités en matière d'identification et de gestion des risques liées à la TVA/TPS (OCDE, 2020[1]). Activités ciblées de vérification et de suivi, comme des évaluations mystère effectuées par l'administration fiscale sur des plateformes spécifiques, peuvent renforcer l'efficacité des stratégies de conformité à la TVA/TPS appliquées par les autorités.

Le Forum de l'OCDE sur l'administration de l'impôt a produit une série de documents d'orientation et de rapports[1] à l'intention des autorités fiscales qui peuvent éclairer la mise en œuvre de solutions d'analyse des risques fondées sur l'expérience pratique dans les pays.

Ces approches peuvent permettre aux administrations nationales d'adopter une réponse ciblée et proactive plutôt que réactive face aux risques en matière de conformité, associée à une stratégie globale propre à faciliter le respect des obligations liées à la TVA/TPS pour les acteurs légitimes de l'économie du partage/à la demande.

4.1.2. Coopération et échange de renseignements entre autorités nationales

Pour accroître l'efficience de leurs systèmes d'analyse de volumes considérables de données provenant de différentes sources, les autorités fiscales pourraient envisager de prendre des mesures susceptibles de faciliter la coopération et l'échange de renseignements entre organismes publics nationaux. Il peut s'agir des caisses de sécurité sociale, des registres de propriété, des autorités responsables de la circulation routière, des cellules de renseignements financiers, etc. Ces données peuvent être très utiles à l'administration fiscale pour identifier les activités commerciales non déclarées dans la sphère de l'économie numérique. À titre d'exemple, les données détenues par une cellule de renseignements financiers pour lutter contre le blanchiment de capitaux et le financement du terrorisme sont déjà utilisées dans certaines juridictions pour déceler les manquements d'acteurs de l'économie du partage/à la demande, en permettant à l'administration fiscale de déterminer l'origine de fonds destinés à des chauffeurs et des loueurs de biens immobiliers fraudeurs et transitant depuis des banques à l'étranger vers des banques locales.

4.1.3. Infliger des sanctions aux contrevenants

Pour assurer l'égalité des conditions de concurrence avec les acteurs respectueux des règles, les autorités fiscales peuvent compléter leur stratégie de conformité en matière de TVA/TPS par des sanctions justes qui exposent les contrevenants (résidents et non résidents) à des conséquences réelles en cas d'infraction. Ces conséquences réelles peuvent impliquer, selon le cas, la publication de listes de contrevenants (une « liste de la honte ») ; la dissuasion de toute transaction avec les acteurs en question, par le biais de plateformes ou autres ; l'imposition d'amendes proportionnées ; l'utilisation de prestataires de services de paiement et d'autres intermédiaires financiers comme auxiliaires pour traiter les infractions, notamment en bloquant les paiements sur les comptes détenus par de tels acteurs.

En dernier ressort, les juridictions peuvent envisager la possibilité d'appliquer des sanctions plus sévères, par exemple en interdisant l'accès aux plateformes ou aux applications déployées par les contrevenants. Cette mesure peut passer pour une solution de dernier recours lorsque toutes les autres options ont été épuisées. Les autorités fiscales devront s'assurer qu'une mesure coercitive de ce type est légitime du point de vue juridique et réglementaire, en prenant en compte les obligations commerciales et internationales au sens large de la juridiction, et en consultant les fournisseurs d'accès internet sur les aspects techniques et opérationnels. L'expérience montre que les contrevenants trouvent parfois les moyens de contourner une telle mesure en utilisant des noms de domaines alternatifs sur internet, mais l'annonce publique du blocage du site web d'un opérateur de l'économie du partage/à la demande par les autorités d'une juridiction peut dissuader les utilisateurs.

De manière générale, les autorités fiscales devront veiller à ce que les sanctions pour non-respect des règles de TVA/TPS dans l'économie du partage/à la demande soient équilibrées et proportionnées, notamment en laissant suffisamment de temps pour remédier aux infractions et en prévoyant la possibilité de faire appel d'une sanction.

L'application de sanctions à l'encontre d'acteurs non résidents devrait supposer une coopération administrative internationale adéquate. C'est sur quoi porte la section suivante.

4.1.4. Mettre à profit la coopération administrative internationale

L'importance de l'échange de renseignements et d'autres formes de coopération administrative internationale dans les stratégies des juridictions pour assurer le respect des règles en matière de TVA/TPS ciblant l'économie du partage/à la demande a été mise en lumière tout au long de ce Rapport. La nécessité d'une coopération internationale entre administrations fiscales est d'autant plus grande que les plateformes de l'économie du partage/à la demande peuvent souvent ne pas être physiquement établies dans la juridiction d'imposition, une caractéristique partagée par les fournisseurs dans un certain nombre de secteurs (finance participative, par exemple), à mesure que cette sphère de l'économie continue d'évoluer. Cette section présente un certain nombre d'outils qui peuvent être mobilisés pour favoriser cette coopération administrative internationale.

Les Principes directeurs internationaux pour la TVA/TPS décrivent les outils dont les autorités fiscales disposent pour donner corps à cette coopération bilatérale et multilatérale (OCDE, 2017[2]). Ils mentionnent les possibilités de coopération multilatérale offertes par la Convention concernant l'assistance administrative mutuelle en matière fiscale[2] qui a été élaborée conjointement par l'OCDE et le Conseil de l'Europe en 1988 et modifiée par un Protocole en 2010. Cette Convention et le Protocole sont en principe applicables à la TVA/TPS et prévoient un large éventail de modalités de coopération administrative entre les Parties concernant le calcul et le recouvrement des taxes, notamment en vue de combattre la fraude et l'évasion fiscales. Cet aspect est d'autant plus important que les plateformes qui facilitent les activités des opérateurs de l'économie du partage/à la demande peuvent de plus en plus accéder aux marchés d'autres juridictions sans y avoir de présence physique. Tel peut aussi être le cas des fournisseurs de services qui opèrent à distance depuis une autre juridiction.

Les Principes directeurs internationaux pour la TVA/TPS (OCDE, 2017[2]) soulignent également les possibilités de coopération bilatérale, notamment au moyen des dispositions relatives à l'échange de renseignements énoncées à l'article 26 du Modèle de Convention fiscale de l'OCDE (OCDE, 2017[3]). Elles peuvent constituer une base appropriée pour l'échange de renseignements entre autorités fiscales, à la fois sur des dossiers individuels et pour des catégories plus larges d'affaires impliquant la TVA/TPS. Aussi, les conventions fiscales bilatérales peuvent offrir un mécanisme de renforcement de la coopération et d'élaboration de solutions à des problèmes communs. Dans ce contexte, les Principes directeurs internationaux pour la TVA/TPS font état des possibilités que recèle le Modèle d'accord de l'OCDE sur l'échange de renseignements.[3]

Les *Règles types de déclaration à l'intention des vendeurs relevant de l'économie du partage et de l'économie à la demande* constituent l'outil le plus récent mis à la disposition des autorités fiscales pour faciliter l'échange de renseignements spécifiquement axés sur l'économie du partage/à la demande (OCDE, 2020[4]). La section 3.2.4 de ce rapport examine comment les renseignements échangés en vertu de cet instrument peuvent aider les juridictions à appliquer leur stratégie de de respect des règles en matière de TVA/TPS à l'économie du partage/à la demande. Les autorités fiscales sont fortement incitées à utiliser ces Règles types de déclaration comme fondement de leur politique de collecte et d'échange de renseignements, notamment pour garantir une cohérence internationale et atténuer les risques de doublon dans les obligations déclaratives (OCDE, 2020[4]). Ce poit est important notamment pour faciliter le respect des règles fiscales par les plateformes de l'économie du partage/à la demande qui devront faire face à des exigences déclaratives dans plusieurs juridictions.

Globalement, l'échange de renseignements devrait être une priorité en matière de coopération administrative internationale pour faire respecter les règles de TVA/TPS par les acteurs de l'économie du partage/à la demande, notamment pour permettre d'identifier ces acteurs, de suivre le volume et la valeur des transactions, d'évaluer la TVA/TPS due et le respect des obligations de déclarer et de payer le montant approprié de TVA/TPS sur ces transactions. Une assistance mutuelle au au recouvrement des taxes, ainsi qu'un mécanisme approprié de règlement des différends pourraient être nécessaires dans certains cas.

Références

OCDE (2020), *Règles types de déclaration à l'intention des vendeurs relevant de l'économie du partage et de l'économie à la demande*, https://www.oecd.org/fr/fiscalite/echange-de-renseignements-fiscaux/regles-types-declaration-intention-des-vendeurs-relevant-economie-du-partage-et-economie-a-la-demande.pdf (consulté le 4 avril 2021). [1]

OCDE (2017), *Modèle de Convention fiscale concernant le revenu et la fortune : Version abrégée 2017*, OCDE Publishing, Paris, https://doi.org/10.1787/mtc_cond-2017-fr. [3]

OCDE (2017), *Principes directeurs internationaux pour la TVA/TPS*, Éditions OCDE, Paris, https://dx.doi.org/10.1787/9789264272958-fr. [2]

Notes

[1] Pour en savoir plus sur une série de documents d'orientation et de rapports du Forum de l'OCDE sur l'administration fiscale, consultez le site http://www.oecd.org/tax/forum-on-tax-administration/publications-and-products/.

[2] Pour plus d'informations sur la Convention, voir la page internet dédiée : https://www.oecd.org/fr/ctp/echange-de-renseignements-fiscaux/convention-concernant-l-assistance-administrative-mutuelle-en-matiere-fiscale.htm

[3] Modèle d'accord de l'OCDE sur l'échange de renseignements est disponible à l'adresse http://www.oecd.org/ctp/exchange-of-tax-information/2082215.pdf.

Annexe A. Autres travaux pertinents de l'OCDE dans le domaine de l'économie du partage et à la demande

Avertissement : veuillez noter que cet encadré n'a pas pour objet de fournir une liste exhaustive des travaux relatifs à l'économie du partage/à la demande qui ont été ou sont menés par différentes directions au sein de l'OCDE, mais plutôt de faire la synthèse de ceux qui revêtent un intérêt sur le plan de la fiscalité et de l'action des pouvoirs publics dans son ensemble.

Administration de l'impôt

- *The Sharing and Gig Economy: Effective Taxation of Platform Sellers* (2019) : ce rapport établi par le Forum sur l'administration de l'impôt s'intéresse aux solutions envisageables pour garantir l'imposition effective de ceux qui tirent un revenu en participant à l'économie du partage ou à l'économie à la demande, en mettant l'accent sur les aspects relatifs à la fiscalité directe. Il examine les différents moyens dont disposent les administrations fiscales pour dialoguer le plus efficacement possible entre elles et avec les vendeurs en ligne et les plateformes de l'économie du partage et de l'économie à la demande, afin de favoriser un plus grand respect des obligations fiscales. À partir de ces différentes options, les auteurs énoncent un certain nombre de recommandations ainsi que des éléments de réflexion pour les travaux à venir : travaux menés conjointement par les administrations fiscales et les plateformes en vue de fournir aux vendeurs en ligne des informations ainsi qu'un soutien pour les aider à se conformer à leurs obligations fiscales, portant notamment sur l'examen plus approfondi d'un modèle possible de Code de conduite ; enrichissement de la base de données d'observation afin d'améliorer la compréhension des risques d'évasion fiscale en lien avec les plateformes, passant notamment par un renforcement de la coopération internationale et la poursuite de l'échange d'informations sur les pratiques et approches législatives efficaces ; participation à l'élaboration d'un modèle législatif de déclaration standardisée à l'intention des plateformes d'économie du partage et d'économie à la demande. La recommandation relative à l'élaboration d'un modèle de déclaration standardisée, en particulier, s'est concrétisée en 2020 par un rapport sur des *Règles types de déclaration à l'intention des vendeurs relevant de l'économie du partage et de l'économie à la demande* (veuillez vous reporter à l'annexe C pour plus de précisions sur ce rapport). Ce rapport contient les règles types de l'OCDE, en vertu desquelles les plateformes numériques sont tenues de recueillir des informations sur les revenus perçus par ceux qui utilisent ces plateformes pour proposer des services personnels, d'hébergement et de transport et de communiquer ces informations aux administrations fiscales. Quoique centré sur la fiscalité directe, ce rapport reconnaît l'intérêt potentiel des informations ainsi communiquées à des fins de TVA/TPS. Ces rapports sont disponibles dans leur intégralité (en anglais) à l'adresse :http://www.oecd.org/ctp/the-sharing-and-gig-economy-effectivetaxation-of-platform-sellers-574b61f8-en.htm et https://www.oecd.org/tax/exchange-of-tax-information/model-rules-for-reporting-by-platform-operators-with-respect-to-sellers-in-the-sharing-and-gig-economy.htm respectivement.

Implications plus générales pour l'action des pouvoirs publics

- *Gig Economy Platforms: Boon or Bane?* (2019) : ce document de travail du Département des affaires économiques de l'OCDE (veuillez noter qu'il s'agit bien d'un document de travail et non d'une publication officielle) analyse les conséquences économiques et sociales de l'émergence des plateformes d'économie à la demande. Aux fins de ce document, les plateformes d'économie à la demande désignent les plateformes numériques bifaces qui mettent en relation, d'un côté du marché, des travailleurs pour leur propre compte, et, de l'autre, les clients (clients finaux ou entreprises). Les plateformes utilisées dans la réservation d'hébergements n'entrent donc pas dans le champ d'application de cette définition dans la mesure où elles ne fournissent pas de services d'intermédiation de main d'oeuvre. Ce document, qui passe en revue les différentes implications de ce phénomène pour l'action des pouvoirs publics, met en lumière certaines des problématiques associées au marché du travail, comme les controverses juridiques actuelles autour de la question de la classification des travailleurs des plateformes (doivent-ils être considérés comme des sous-traitants indépendants ou des employés des plateformes ?), ou encore la nécessité de garantir des conditions de travail adéquates (accès à une protection sociale de base, couvrant notamment les accidents du travail, les prestations parentales, les soins de santé et la retraite), et d'inciter les travailleurs à développer leurs compétences. Les auteurs reconnaissent également le besoin de prendre des mesures fiscales adaptées dans ce domaine, et font référence aux travaux actuellement menés par le GT9 sur les incidences sur la TVA/TPS de l'économie du partage/à la demande. Ce rapport est disponible dans son intégralité (en anglais) à l'adresse :https://www.oecd-ilibrary.org/economics/gig-economy-platforms-boon-or-bane_fdb0570b-en
- *Tendances et politiques du tourisme de l'OCDE 2016* : ce rapport établi tous les deux ans par le Centre pour l'entrepreneuriat, les PME, les régions et les villes (CFE) de l'OCDE en partenariat avec la Commission européenne, s'inscrit dans le programme de travail du Comité du tourisme de l'OCDE. Ce rapport contient un chapitre consacré aux conséquences pour l'action des pouvoirs publics de l'économie collaborative dans le secteur du tourisme (transport, hébergement, voyages et restauration), qui met en lumière les problématiques soulevées par ces évolutions dans les domaine tels que la protection des consommateurs, la fiscalité et la réglementation, en donnant quelques exemples de mesures prises par les pouvoirs publics dans différents pays. Parmi les problématiques rencontrées, on peut citer spécifiquement les déséquilibres concurrentiels, avec, à la clé, des risques de concurrence déloyale pour les entreprises traditionnelles réglementées, les risques du marché du travail et la question de la protection des chauffeurs, des hébergeurs et autres prestataires de services, et enfin la fiscalité applicable aux activités de l'économie du partage et son incidence sur les recettes fiscales. Ce rapport note que les premières réponses des pouvoirs publics varient selon les juridictions, la plupart d'entre elles optant pour une position que l'on peut qualifier d'attentiste. Dans d'autres pays, les pouvoirs publics ou l'industrie peuvent également décider de passer en revue les règles et règlements existants, d'introduire des régimes de licences et de permis, de s'employer activement à promouvoir les plateformes, de privilégier l'autoréglementation en introduisant des contrôles-qualité, des normes, des dispositifs d'assurance de la qualité, etc. Dans le domaine de la fiscalité, les auteurs du rapport reconnaissent que les plateformes peuvent jouer un rôle plus actif en clarifiant les obligations fiscales et en favorisant le respect de la réglementation dans ce domaine, voire en prélèvement directement des taxes (taxe sur l'hébergement, par exemple) pour le compte

des hébergeurs. Ce rapport est disponible dans son intégralité à l'adresse : https://www.oecd-ilibrary.org/fr/industry-and-services/tendances-et-politiques-du-tourisme-de-l-ocde-2016_tour-2016-fr

- *Tendances et politiques du tourisme de l'OCDE 2020* : cette édition 2020 du rapport établi en coopération avec l'Union européenne, présente, en complément du rapport 2016, les défis associés à l'économie du partage auxquels sont confrontés les pouvoirs publics, et en particulier les incidences négatives de l'essor des activités d'hébergement collaboratif du point de vue de la protection des consommateurs et du maintien de conditions égales pour les activités d'hébergement similaires. Le rapport fournit quelques exemples d'approches adoptées par les pouvoirs publics, comme l'introduction au niveau local de réglementations pour limiter la durée maximale des locations de courte durée, de restrictions sur la location des résidences secondaires ou encore de mesures impliquant les plateformes numériques comme l'obligation de déclarer certaines informations aux administrations fiscales. Une fois encore, les auteurs insistent sur l'importance de recueillir des données précises sur le développement de l'économie collaborative afin de mieux en appréhender l'impact sur l'économie du tourisme. Dans ce contexte, ils notent que certains efforts sont entrepris, notamment grâce au partage de données avec les plateformes. Le rapport indique également que les sources administratives, telles que les données d'enregistrement à la TVA des fournisseurs d'hébergements, offrent aussi des possibilités dans ce domaine. Ce rapport est disponible dans son intégralité à l'adresse : https://www.oecd.org/fr/cfe/tourisme/tendances-et-politiques-du-tourisme-de-l-ocde-20769636.htm

Suivi et mesure

- *Measuring platform mediated workers* (2019) : ce document s'inscrit dans la série de documents de travail de l'OCDE sur l'économie numérique établis par la Direction de la science, de la technologie et de l'innovation. Prenant acte des difficultés à estimer le nombre de travailleurs des plateformes, les auteurs passent en revue différentes initiatives prises par des organismes privés et officiels de statistiques pour quantifier cette main d'œuvre et proposent des recommandations pour améliorer ces estimations à l'avenir (en indiquant comment utiliser les différents types d'enquêtes et comment en rédiger les questions pour obtenir les résultats souhaités). Ce rapport est disponible dans son intégralité (en anglais) à l'adresse : https://www.oecd-ilibrary.org/science-and-technology/measuring-platform-mediated-workers_170a14d9-en?mlang=frn

Source : OCDE.

Annexe B. Impact potentiel de la pandémie de COVID-19 sur les secteurs de l'économie du partage/à la demande

Au moment de la finalisation de ce rapport, des restrictions visant à contenir et à atténuer la propagation et le taux d'infection du virus Covid-19 étaient toujours en place dans les pays du monde entier. S'il est clair que la pandémie et les mesures de confinement et d'atténuation nécessaires prises par les gouvernements du monde entier ont déclenché une profonde récession économique mondiale, qui a sans aucun doute également affecté l'activité d'économie du partage / à la demande, on ne connaît pas au moment de la rédaction de ce rapport l'impact réel de la pandémie sur l'économie du partage / à la demande. Cette annexe présente un certain nombre d'observations émergentes fondées sur des preuves anecdotiques provenant de sources accessibles au public (citées ci-dessous) et en consultation avec des représentants de l'économie du partage / à la demande au moment de la finalisation du rapport.

- Il reste difficile d'anticiper et d'estimer l'impact, à moyen et à long terme, de la crise de COVID-19 sur la croissance et l'activité économiques en général, et a fortiori sur l'économie du partage/à la demande en particulier. Il est clair, néanmoins, que la pandémie et les mesures de confinement et de distanciation sociale mises en place dans les pays du monde entier afin d'enrayer la propagation du virus sont à l'origine de perturbations majeures dans les secteurs économiques qui supposent un contact physique ou le déplacement d'individus au sein de l'espace public. Cette crise a inévitablement eu des répercussions sur l'activité des secteurs actuellement les plus importants de l'économie du partage/à la demande, à savoir les secteurs des transports (services de VTC) et de l'hébergement de courte durée (locations immobilières).
- Parallèlement, de nouvelles habitudes se sont imposées en réaction à la pandémie de COVID-19, lesquelles auront probablement des répercussions positives sur certains types d'activités de l'économie du partage/à la demande, comme l'enseignement en distanciel, la livraison de repas et autres articles vendus en ligne, la fourniture de services non traditionnels d'hébergements de courte durée pour proposer une alternative à l'offre hôtelière traditionnelle, et la location de courte durée d'espaces de travail virtuels. La croissance de l'activité dans certains secteurs de l'économie du partage/à la demande découlant de ces évolutions comportementales peut avoir compenser en partie la perte d'activité observée dans d'autres.
- Dans une certaine mesure, les plateformes qui génèrent une activité dans les secteurs de l'économie du partage/à la demande ou qui en facilitent l'exercice peuvent être mieux placées que leurs concurrents des industries traditionnelles pour affronter la crise de COVID-19, dès lors qu'elles disposent d'une plus grande souplesse pour gérer leurs coûts et leurs risques. Ce constat vaut en particulier pour les grands opérateurs de plateformes d'économie du partage/à la demande, qui continuent d'avoir accès à des financements. La situation peut être plus complexe pour les plus petites plateformes ou les start-up. Les opérateurs de plateformes d'économie du partage/à la demande peuvent néanmoins attirer davantage l'attention des investisseurs, qui peuvent souhaiter tirer parti des capacités offertes par cette économie pour répondre aux nouvelles attentes des clients et s'adapter aux changements de comportement observés avant ou après la crise. Certaines plateformes d'économie du

partage/à la demande, y compris les plus petites, deviennent ainsi une planche de salut pour les entreprises traditionnelles de certains secteurs (restauration, par exemple) en leur donnant de nouveaux moyens de continuer de servir leurs clients. Il est peu probable que ces entreprises cessent de faire appel à ces nouveaux circuits de distribution fondés sur les technologies une fois la crise passée. Ces évolutions pourraient également permettre aux (plus) petits acteurs de ce secteur de survivre et de se développer.

- De la même façon, il est possible qu'un nombre (encore) plus grand de personnes cherchent à compléter leurs revenus à l'issue de la crise notamment en monnayant leurs compétences et leurs actifs via l'exercice d'activités de l'économie du partage/à la demande.
- Globalement, on peut s'attendre à ce qu'un certain nombre des (nouvelles) habitudes prises pendant la pandémie se poursuivent une fois celle-ci terminée. À titre d'exemple, il est possible qu'une partie de la population souhaite continuer à vivre et travailler où bon lui semble, cultivant ainsi l'état d'esprit développé pendant la pandémie. Cela pourrait se traduire par une hausse de la demande de location d'hébergements de courte durée, dans la mesure où les individus qui ont la possibilité de travailler n'importe où peuvent souhaiter changer souvent d'endroit.
- Même si le coronavirus bouleverse les modes de vie, les résultats des premières enquêtes réalisées auprès des consommateurs permettent, semble-t-il, de rester optimiste quant à l'avenir de l'économie du partage/à la demande sur le long terme. Les recherches menées aux États-Unis par exemple, montrent que seulement 25 % des utilisateurs environ pourraient, en l'absence de vaccin (qui est devenu disponible depuis), cesser de recourir aux services de l'économie du partage/à la demande après la crise du COVID-19.

Source : sources d'information publiques, parmi lesquelles :
https://www.statista.com/statistics/1110632/sharing-economy-services-united-states-covid19/
https://medium.com/swlh/coronavirus-the-end-of-the-sharing-economy-or-a-new-beginning-a142acbb7130
https://economictimes.indiatimes.com/small-biz/startups/features/the-sharing-economy-faces-the-abyss-in-a-pandemic/articleshow/74857984.cms?from=mdr
https://www.verisk.com/insurance/covid-19/iso-insights/sharing-economy-reacts-to-covid-19-outbreak/
https://thebluecircle.co/2020/05/08/impact-on-shared-economy-in-the-covid-19-era/
https://www.nytimes.com/2020/05/07/technology/the-results-are-in-for-the-sharing-economy-they-are-ugly.html
https://www.japantimes.co.jp/news/2020/05/28/business/coronavirus-sharing-economy/#.XvDhQqYUnmQ
https://telecoms.com/504717/can-the-sharing-economy-survive-covid-19/
https://calibreresearch.com/report/global-sharing-economy-market-9436
http://www.china.org.cn/business/2020-03/07/content_75784902
https://3wnews.org/tag/gig-economy-and-sharing-economy-market-impact-of-covid-19/

Annexe C. Règles types de déclaration à l'intention des vendeurs relevant de l'économie du partage et à la demande - principales caractéristiques

L'OCDE a élaboré les Règles types de déclaration à l'intention des vendeurs relevant de l'économie du partage et de l'économie à la demande (ci-après les Règles types) qui ont été approuvées par le Cadre inclusif OCDE/G20 sur le BEPS le 29 juin 2020. Pour permettre une mise en œuvre rapide et cohérente des Règles types, l'OCDE travaille sur un cadre juridique et technique international propre à faciliter l'échange automatique des renseignements recueillis en application des Règles types entre administrations fiscales (qui devait être achevé au second semestre de 2020). Le texte intégral des règles peut être consulté ici : *https://www.oecd.org/fr/fiscalite/echange-de-renseignements-fiscaux/document-consultation-publique-regles-types-declaration-applicables-aux-vendeurs-economie-du-partage-economie-a-la-demande.pdf.*

Cette Annexe donne un aperçu des principales caractéristiques et de l'architecture des Règles types.

- **Les Règles types prévoient que la portée des transactions à déclarer soit ciblée, adéquate et efficace. Elles doivent permettre de limiter les déclarations aux vendeurs (qui incluent les entités et les personnes physiques) dans les secteurs de la location de biens immobiliers et de la fourniture de services de transport, de livraison et d'autres services personnels (autres que ceux rendus par un vendeur en vertu d'une relation d'emploi avec l'Opérateur de plateforme).** En veillant à ce que les Règles types visent uniquement certains types de services et que l'accès aux informations soit donné à la (aux) juridiction(s) dans la(es)quelle(s) cette mesure aura vraisemblablement un impact fiscal, le but est qu'elles couvrent en priorité les risques (directs) au regard de la discipline fiscale posés par ces activités compte tenu de leur échelle, des bénéfices qu'ils génèrent et du profil des vendeurs concernés. Toutefois, il est admis que les marchés numériques se transforment rapidement et que d'autres types de transactions pourraient devenir pertinents, de sorte que la portée des Règles types pourrait devoir être étendue le cas échéant. Peu importe que ces services soient rendus directement par des vendeurs tiers à ces utilisateurs ou que la plateforme achète d'abord ces services avant de les proposer aux utilisateurs en son nom propre. Ces services sont désignés collectivement par l'expression Services visés aux fins des Règles types. Les Règles types prévoient des exclusions pour les services rendus par des entités publiques, des grands groupes hôteliers et des fournisseurs de services de transport sur la base d'horaires publics prédéterminés (train et autocar, par exemple).
- **Les entités qui concluent des contrats avec des vendeurs dans le but de mettre la plateforme à leur disposition sont en principe soumises aux règles lorsqu'elles sont résidentes d'une juridiction, sont constituées selon les lois d'une juridiction, ou ont leur siège de direction dans une juridiction ayant adopté les Règles types**. Le terme Plateforme n'inclut pas un logiciel dont la fonction exclusive est de traiter des paiements en lien avec des Services visés, répertorier ou promouvoir des Services visés ou rediriger ou transférer des utilisateurs vers une Plateforme. Des exclusions facultatives (à la discrétion

des juridictions) s'appliquent aux petits opérateurs de plateforme (pour lesquels la rémunération totale au niveau de la Plateforme au cours de l'année civile précédente est inférieure à 1 million EUR) ainsi qu'aux plateformes qui n'autorisent pas les vendeurs à prélever un bénéfice sur la rémunération reçue ou qui n'ont pas de vendeurs soumis à déclaration.

- **Un flux d'information en deux étapes est prévu : l'information est d'abord communiquée à l'administration fiscale de la juridiction de résidence de l'Opérateur de plateforme soumis à déclaration, qui la transmet ensuite à la Juridiction soumise à déclaration où le vendeur réside ou dans laquelle le bien immobilier loué se situe.** Les Règles exigent la communication annuelle d'informations aux autorités fiscales de la juridiction de résidence avant le 31 janvier de l'année qui suit la période de déclaration. Elles stipulent également que les Opérateurs de plateforme fournissent à leurs vendeurs un relevé des informations relatives au montant des rémunérations qu'ils ont perçues via la plateforme ainsi qu'à tous les frais, commissions ou taxes éventuellement retenus ou acquittés.
- **Pour pouvoir effectuer le rapprochement avec le contribuable, les Règles types prévoient de communiquer le nom du vendeur, son adresse principale, son numéro d'identification fiscale (y compris un numéro d'enregistrement à la TVA/TPS délivré par la juridiction où le vendeur a son adresse principale) et sa date de naissance**. Les Règles types prévoient aussi la possibilité de confirmer l'identité et la résidence fiscale d'un vendeur en ligne par un service public de vérification. Dans le contexte de services de location de biens immobiliers, les Règles types prévoient la déclaration de l'adresse du bien ainsi que, s'il est connu, le numéro d'enregistrement cadastral et le type de chaque lot (ex. chambre d'hôtel, appartement, emplacement de stationnement) et le nombre de jours durant lequel chaque lot a été loué.
- Afin de faciliter les activités de discipline fiscale et, si possible, le préremplissage des déclarations, **les juridictions recevront également des informations sur les types de services rendus et sur la rémunération perçue par le vendeur au cours de chaque trimestre de la période de déclaration, ainsi que sur le nombre de services visés en contrepartie desquels cette rémunération a été payée ou créditée**. Une rémunération correspond au montant net de frais, commissions ou taxes prélevés ou facturés par l'Opérateur de plateforme soumis à déclaration. Les informations relatives à la rémunération et à d'autres montants doivent être déclarées au titre du trimestre pendant lequel ces montants ont été payés ou crédités. Lorsque la rémunération est remboursée après le délai de déclaration, par exemple si des transactions sont annulées, l'Opérateur de plateforme soumis à déclaration est censé transmettre un rapport rectificatif, indiquant tout changement notable. En outre, des procédures sont prévues pour éviter les doubles déclarations lorsque plusieurs Opérateurs de plateforme opèrent au titre d'une même plateforme.
- **Les Règles types prévoient des règles en matière de diligence raisonnable et d'obligations déclaratives destinées à garantir que des informations exactes sont communiquées sans imposer aux Opérateurs de plateforme des procédures excessivement lourdes**. En général, la vérification des informations réunies et communiquées doit être effectuée par l'Opérateur de plateforme en utilisant tous les documents à sa disposition, y compris celles qu'il a déjà collectées au titre de ses obligations en matière de lutte contre le blanchiment d'argent et de connaissance des clients (AML/KYC), dans le cadre de ses procédures d'inscription ou d'actualisation des documents concernant les vendeurs, pour effectuer des paiements, ou à d'autres fins commerciales ou réglementaires.

- **Les Règles types reposent sur le principe selon lequel la juridiction qui les applique souhaitera généralement recevoir des renseignements concernant les vendeurs qui résident sur son sol.**
- **Dans les cas où l'Opérateur de plateforme réside dans une juridiction qui n'a pas mis en œuvre les Règles types ou qui n'est pas un partenaire d'échange de la juridiction qui applique les Règles types, et que par conséquent les informations ne peuvent pas être obtenues d'une Juridiction partenaire**, les Règles types reconnaissent la possibilité d'imposer une déclaration locale aux plateformes situées dans la juridiction où les vendeurs résident ou dans laquelle le bien immobilier loué se situe.
- **Les Règles types proposent un régime de déclaration susceptible d'être également utilisé à d'autres fins liées à l'impôt, notamment pour la fiscalité indirecte, la fiscalité locale et les cotisations de sécurité sociale,** à condition qu'une telle utilisation soit autorisée par l'accord international d'échange applicable.

Annexe D. Aperçu général des modèles économiques des secteurs de l'hébergement et des transports

Cette annexe présente une description des principaux modèles économiques adoptés dans les deux secteurs actuellement dominants de l'économie du partage/à la demande, soit les secteurs de l'hébergement et des transports. Ces deux industries font ainsi office de cas pilotes pour les analyses réalisées dans le cadre du présent rapport. Cette approche s'appuie sur la thèse selon laquelle ces secteurs exerceraient la pression la plus importante sur les politiques en matière de TVA/TPS à travers le monde et sont donc susceptibles d'être les premiers secteurs pour lesquels des mesures politiques et administratives devront être mises en œuvre à cet égard.

Dans ce contexte, la présente annexe décrit les caractéristiques essentielles des principaux modèles économiques observés dans ces deux secteurs et présentant un intérêt particulier du point de vue de la TVA/TPS. Après une description générale de chaque secteur seront présentés les principaux modèles économiques, ainsi que les modalités de paiement correspondantes, les instruments de gouvernance et de renforcement de la confiance des plateformes, l'importance économique de ces secteurs et les éléments d'informations disponibles.

Ces descriptions sont fondées sur les caractéristiques des plateformes qui enregistrent actuellement la majorité des parts de marché des secteurs correspondants. Celles-ci ne sont toutefois que des images instantanées d'un contexte susceptible d'évoluer rapidement dans le temps, à mesure que l'économie du partage/à la demande poursuivent leur développement.

Secteur de l'hébergement

Description générale

Le secteur de l'hébergement peut globalement être divisé en plusieurs sous-secteurs selon le type d'hébergement concerné : hôtels et motels, résidences de tourisme, locations (saisonnières) de courte durée, etc. Du point de vue de l'économie du partage/à la demande, il se rapporte principalement aux locations (saisonnières) de courte durée, même si son champ d'application tend à comprendre également d'autres types d'hébergement. Aux fins de l'analyse développée dans le rapport, l'accent sera donc mis sur le secteur des locations de courte durée, lequel rassemble la majorité des activités d'hébergement de l'économie du partage/à la demande.

La notion de location de courte durée existe en réalité depuis aussi longtemps le secteur de l'hôtellerie. Le secteur de la location de courte durée a toutefois connu des évolutions importantes aux cours des dix dernières années, notamment dues au développement des plateformes numériques, et sa taille a enregistré une croissance d'environ 167 % entre 2010 et 2018 (Skift research, 2019[1]). Le principe de ces plateformes consiste généralement à établir un lien entre les clients potentiels et les hôtes professionnels ou non professionnels proposant des services d'hébergement. Ces plateformes peuvent par ailleurs offrir d'autres services, que ce soit en leur nom ou pour le compte de tiers ou d'autres plateformes (voir la section *Modèles économiques* ci-dessous pour plus d'informations).

Écosystème du secteur de la location de courte durée

Bien que les types d'hébergement concernés puissent varier, la location de courte durée est le modèle d'hébergement prédominant dans l'économie du partage/à la demande. Les plateformes numériques jouent ainsi un rôle essentiel à cet égard et l'intérêt qu'elles suscitent tient au fait qu'elles ont fortement contribué à l'essor rapide de ce secteur d'activité. Il est toutefois important d'avoir conscience que ce secteur rassemble de nombreux acteurs différents au sein d'un même écosystème, tel qu'illustré ci-dessous dans le graphique A D.1. En devenant plus accessible et abordable, la technologie a permis aux différentes parties prenantes de profiter de la croissance du secteur de la location de courte durée de manière de plus en plus prononcée.

À titre d'illustration, Encadré A D.1 vise à présenter succinctement les principaux acteurs de cet écosystème (voir le graphique A D.1. pour une représentation schématique des interactions entre ces différents acteurs).

Encadré A D.1. Description des principaux acteurs de l'écosystème du secteur de la location de courte durée

- **Plateformes et moteurs de métarecherche** : bien que le marché soit essentiellement porté par des plateformes de premier plan qui opèrent généralement dans plusieurs pays, les moteurs de métarecherche nourrissent un intérêt grandissant pour ce marché, dans le sens où il leur permet d'ajouter à leurs fonctionnalités la recherche de locations de courte durée, que ce soit en partenariat avec certaines des plateformes en place ou avec des gestionnaires immobiliers indépendants. Ils font ainsi office d'intermédiaires, en renvoyant les clients vers les sites de réservation partenaires, les gestionnaires de réseaux, etc.
- **Hôtes indépendants** : les données disponibles laissent à penser que plus de la moitié des biens proposés à la location de courte durée sont détenus par des hôtes particuliers ou des gestionnaires immobiliers de petite taille (gérant moins de 10 biens locatifs). La plupart d'entre eux proposent ces locations par le biais de plateformes, profitant ainsi d'un accès simplifié à une clientèle potentielle plus large, à des modalités de paiement sécurisées ou encore aux services d'assistance assurés par les plateformes. Une partie de ces hôtes font également appel à des fournisseurs interentreprises pour des services tels que le gardiennage de clés ou le nettoyage ménager. Enfin, certains particuliers préfèrent confier la location de leurs biens à des gestionnaires immobiliers professionnels (voir la section *Agents professionnels* sous *Modèles économiques*).
- **Fournisseurs de services pour hôtes** : sont considérés comme fournisseurs de services pour hôtes les prestataires de services généraux de gestion, comme la publication d'annonces, le nettoyage ou la fixation des prix. Ces fournisseurs agissent le plus souvent « en coulisse », sans que les clients sachent que le logement qu'ils occupent est géré par une entreprise plutôt que par le propriétaire du bien. Néanmoins, pour renforcer et protéger l'identité de leur marque, certains ont récemment choisi de rendre publique cette gestion sur les plateformes, soit en l'indiquant dans la description des biens qu'ils gèrent, soit en affichant leur logo dans les annonces immobilières. Ils permettent par ailleurs aux propriétaires de biens de choisir précisément quels services ils souhaitent externaliser et appliquent les commissions correspondantes.
- **Gestionnaires de logements de villégiature traditionnels** : l'apparition de gestionnaires de logements de villégiature est due au fait que les propriétaires de résidences secondaires dans les destinations de vacances vivent souvent trop loin pour gérer eux-mêmes ces biens immobiliers. Les avancées technologiques des dernières années ont permis aux gestionnaires de logements de villégiature de prendre le train du numérique et de développer leurs activités en ligne. Certains d'entre eux gèrent aujourd'hui jusqu'à plusieurs centaines, voire milliers, de biens sur leurs propres plateformes dédiées. À l'instar des plateformes sectorielles, celles-ci fonctionnent sur la base de commissions et d'abonnements, même si le modèle par abonnement reste plus largement utilisé.
- **Gestionnaires de résidences de marque** : ces prestataires proposent des services de bout en bout, pour les propriétaires de biens comme pour les voyageurs. Soucieux de leur image de marque, ils travaillent uniquement avec des résidences qui répondent à leur cahier des charges et sont donc plus susceptibles de collaborer avec des hôtels et des plateformes de premier plan. Les investissements ont récemment profité aux bailleurs principaux, lesquels concentrent leurs activités sur les immeubles d'habitation (spécialement conçus ou convertis) destinés entièrement ou en partie à la location de courte durée. Cette évolution reste toutefois actuellement surtout observée aux États-Unis.
- **Fournisseurs interentreprises** : les évolutions technologies ont démultiplié les possibilités pour les fournisseurs interentreprises dans le secteur de la location de courte durée. Ces prestataires proposent différents types de services, comme des logiciels de gestion de biens, des solutions de commercialisation, l'élaboration d'applications et de sites internet, ou encore la gestion des recettes.

Graphique A D.1. Écosystème du secteur de la location de courte durée

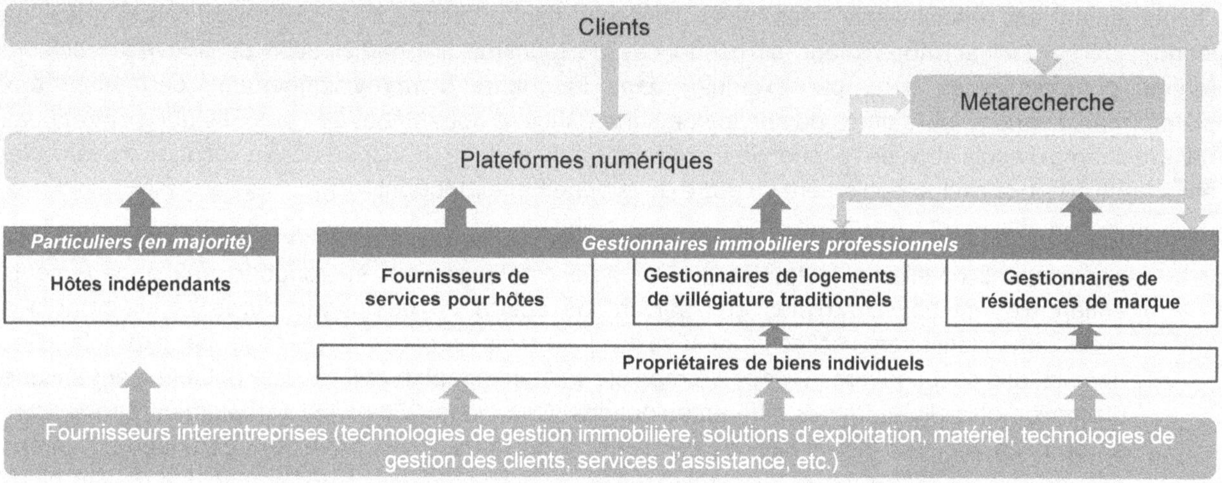

Source : Skift research (2019), *The Short-Term Rental Ecosystem and Vendor Deep Dive* (Skift research, 2019[1]).

Modèles économiques

Pour bien comprendre les différents modèles économiques adoptés dans le secteur, il est important de mettre en avant le rôle essentiel des plateformes numériques dans la mise en relation des divers acteurs de cet écosystème. Que ce soit pour les locations de courte durée ou pour d'autres types d'hébergement (résidences de tourisme, par exemple), les plateformes ont pris une place centrale dans le paysage de l'économie du partage/à la demande. D'une manière générale, les principaux modèles économiques qui s'appuient sur ces plateformes peuvent être classés en quatre catégories suivant la nature de l'offre sous-jacente et le type de contrepartie (par exemple, monétaire ou en nature). Il convient de noter que la distinction entre un hébergement « sec » et un hébergement « associé à d'autres services » n'est pas toujours claire, et que les grandes plateformes du secteur optent de plus en plus souvent pour ce dernier modèle.

- **Hébergement sec** : la plateforme facilite la location de la résidence principale ou secondaire d'un particulier (ou d'une partie de cette résidence) à d'autres particuliers. La plateforme tend toutefois à offrir d'autres types d'hébergement, comme les résidences de tourisme.
- **Hébergement associé à d'autres services** : au-delà des services d'hébergement sec (tels que décrits ci-dessus), la plateforme peut également proposer des services complémentaires, comme des activités touristiques (dégustations gastronomiques, concerts, etc.), des services de réservation de restaurant, de la location de véhicule, du transport aérien, etc.
- **Échange de maison** : la plateforme met en lien des particuliers (utilisateurs de la plateforme) prêts à échanger leurs logements (afin que chaque partie puisse séjourner dans la résidence principale ou secondaire de l'autre partie). Les utilisateurs s'acquittent généralement de frais d'abonnement afin de s'enregistrer sur la plateforme et organiser les échanges avec d'autres particuliers.
- ***Couchsurfing*** : la plateforme met en contact les particuliers souhaitant séjourner les uns chez les autres en échange d'une contrepartie non monétaire (comme la préparation d'un repas en signe de gratitude).

Nouvelles évolutions des modèles économiques

L'un des principaux développements observés en matière de modèles économiques dans le secteur de l'hébergement est l'élargissement des types d'hébergement proposés à la location de courte (et/ou de longue) durée, incluant notamment les résidences de tourisme. La participation de nouveaux acteurs (autres plateformes ou tiers, par exemple) dans la chaîne d'approvisionnement, permettant aux plateformes d'enrichir leurs offres de service de sorte à inclure notamment des produits qui n'entrent pas dans le champ d'application de l'économie à la demande/du partage (transport aérien, location de véhicule, assurance, etc.), constitue également un autre développement important.

- Résidences de tourisme : également connues sous les appellations « appart'hôtels » ou « résidences hôtelières/de tourisme », ce type d'hébergement se rapporte aux appartements entièrement meublés, adaptés aux séjours de courte ou de longue durée et intégrant des prestations identiques à celles proposées par les hôtels (services de ménage, par exemple). Ces appellations sont souvent utilisées de manière interchangeable et il n'existe actuellement aucune distinction officielle entre ces différentes notions. Ces modèles peuvent globalement être répartis en deux catégories : les résidences de tourisme de marque, généralement détenues ou gérées par des chaînes hôtelières, et les résidences de tourisme sans marque détenues par des individus différents mais gérées par un intermédiaire ou une société de gestion immobilière. Dans les deux cas, les appartements peuvent être proposés sur différentes plateformes, lesquelles ne disposent pas nécessairement d'une visibilité directe sur les propriétaires privés de ces logements (notamment dans le cas des résidences de tourisme sans marque). À l'instar des agents professionnels (voir ci-dessous), les propriétaires privés ignorent généralement sur quelles plateformes leurs biens sont proposés et reçoivent uniquement les droits de location, après déduction des commissions de gestion.
- Plateformes imbriquées : afin de diversifier leurs offres et ainsi élargir leur clientèle, les plateformes numériques (traditionnelles), comme les agences de voyage en ligne, font la promotion de biens immobiliers proposés initialement sur d'autres plateformes. Lorsqu'un client identifie un bien qu'il souhaite réserver, il est alors renvoyé vers le site internet de la plateforme d'origine afin de terminer la transaction. De la même manière, les plateformes peuvent autoriser d'autres plateformes à proposer leurs propres offres de services par leur intermédiaire (par exemple, en donnant aux utilisateurs l'accès à un site de réservation de véhicule depuis une plateforme de location d'hébergement). La plateforme hôte peut également recevoir des commissions des autres plateformes en fonction du nombre de renvois réalisés ou ne pas facturer ce type de service dans le cadre de sa stratégie de commercialisation. Lorsque ces plateformes multiples sont partie intégrante de la chaîne d'approvisionnement, la plateforme hôte peut ne pas bénéficier d'une visibilité directe sur les fournisseurs sous-jacents (soit sur les propriétaires de biens), comme dans le cas du modèle des agents professionnels décrit ci-après. Les plateformes enrichissent par ailleurs de plus en plus leurs offres en incluant les services de sociétés tierces, comme la location de véhicule, le transport aérien ou les assurances, lesquels services ne constituent pas nécessairement des activités relevant de l'économie à la demande/du partage.
- Agents professionnels : les particuliers peuvent faire appel à des gestionnaires immobiliers professionnels ou à des sociétés de gestion immobilière afin de promouvoir leurs biens sur différentes plateformes d'hébergement. Ces propriétaires ignorent généralement sur quelles plateformes leurs biens sont proposés et reçoivent uniquement les droits de location, après déduction des commissions de gestion appliquées par les gestionnaires ou sociétés de gestion.

Modèles de paiement

Les modalités de paiement sont un aspect important des services de plateforme relevant de l'économie du partage/à la demande, et les plateformes peuvent opter pour différents modèles de paiement en fonction de divers paramètres de nature économique, sociale et commerciale. De manière générale, les prestataires d'hébergement (hôtes) facturent aux clients un droit de location dont ces derniers s'acquittent soit directement auprès du prestataire, soit par le biais de la plateforme. De son côté, la plateforme récupère une commission auprès du prestataire, du client ou des deux. Ces modèles de paiement peuvent notamment inclure les variantes suivantes (voir la section *Représentation schématique du fonctionnement des modèles de paiement* ci-dessous) :

- *Modèle nº 1* : la plateforme prélève une commission de x % sur les revenus des prestataires et facture aux utilisateurs une redevance de y %. L'utilisateur s'acquitte d'emblée de la totalité du montant dû (par exemple : droit de location et redevance) auprès de la plateforme, laquelle reverse ensuite au prestataire la part qui lui revient après déduction de sa commission et de la redevance.
- *Modèle nº 2* : la plateforme facture aux prestataires des frais de transaction de x %, mais n'applique aucune redevance aux utilisateurs. L'utilisateur paie au prestataire la somme convenue, et le prestataire reverse x % de frais à la plateforme.
- *Modèle nº 3* : la plateforme facture aux prestataires des frais de transaction de x %, mais n'applique aucune redevance aux utilisateurs. L'utilisateur paie à la plateforme la somme convenue et la plateforme reverse au prestataire sa part après déduction des x % de frais de transaction.
- *Modèle nº 4* : la plateforme ne facture ni commission ni redevance aux prestataires ou aux utilisateurs. La plateforme a seulement pour objet de mettre en contact les prestataires et les utilisateurs, et les transactions sous-jacentes sont réalisées uniquement entre prestataires et utilisateurs, sans intervention de la plateforme. Les recettes de la plateforme proviennent ainsi des annonces publicitaires diffusées sur la plateforme.
- *Opérations en espèces* : ce type de paiement est rare dans le secteur de l'hébergement, mais possible selon le *modèle nº 2* dans le cas où un utilisateur paie directement le prestataire en espèces. La plateforme récupère ensuite sa commission auprès du prestataire soit en l'ajoutant à ses frais d'abonnement périodiques, soit en demandant au prestataire de lui verser les redevances dues à intervalles réguliers.
- *Nouvelles modalités de paiement* : les solutions de paiement mobile (comme les porte-monnaie mobiles) sont de plus en plus utilisées dans les pays en développement où une part importante de la population n'a qu'un accès limité aux services financiers traditionnels. D'autres solutions de paiement fondées sur les nouvelles technologies ont également fait leur apparition, comme le recours aux actifs numériques (par exemple, certaines plateformes du secteur de l'hébergement envisagent d'accepter un type spécifique d'actif numérique (bitcoin) dans certaines régions du monde) dont la popularité pourrait augmenter de manière significative au cours des prochaines années.

Représentation schématique du fonctionnement des modèles de paiement

Graphique A D.2. Modèle n° 1 - La plateforme prélève une redevance aux clients et une commission aux hôtes

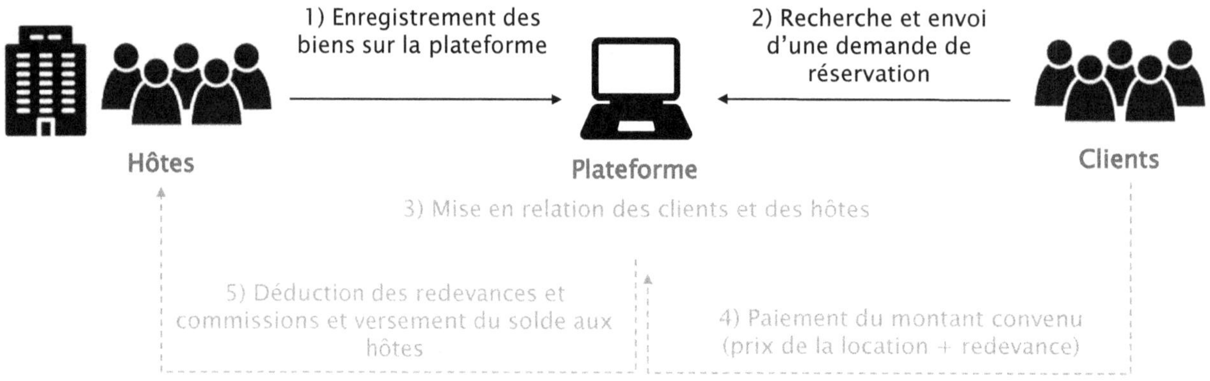

Source : Analyse de l'OCDE.

Graphique A D.3. Modèles n° 2 et 3 – La plateforme impose une commission uniquement aux hôtes

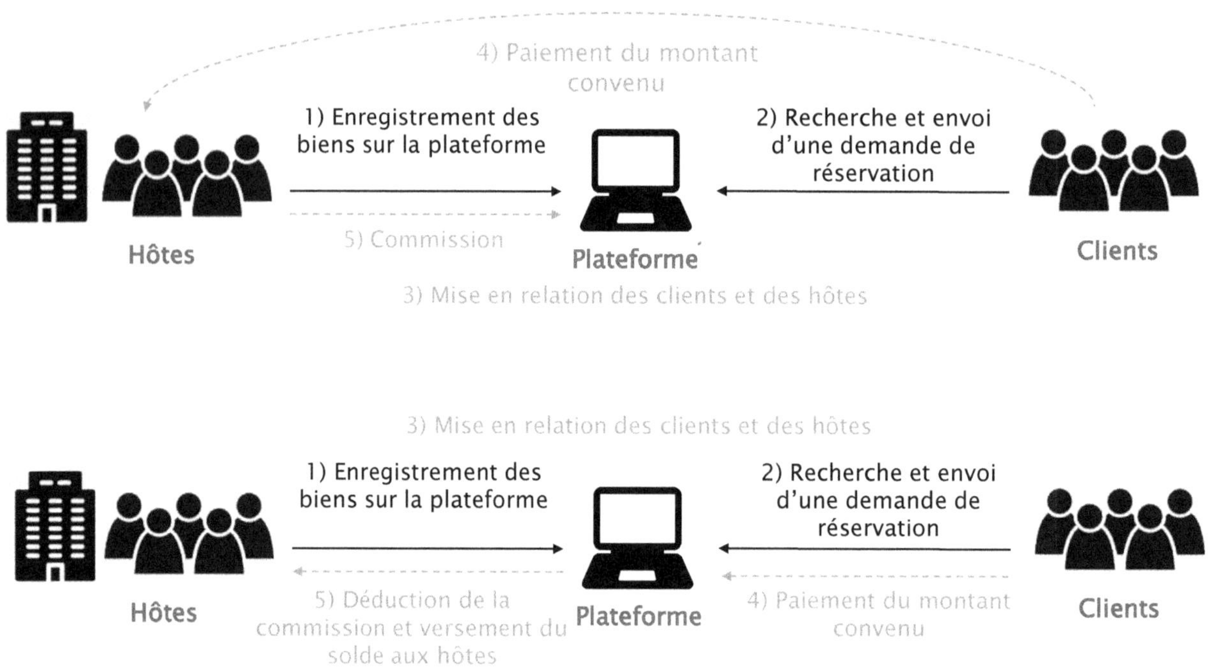

Source : Analyse de l'OCDE.

Graphique A D.4. Modèle n° 4 – La plateforme tire ses revenus d'annonces publicitaires

Source : Analyse de l'OCDE.

Confiance et gouvernance des plateformes

Le succès des plateformes repose sur une gouvernance efficace qui permet des transactions sécurisées entre parties qui ne se connaissent pas et renforce ainsi la confiance des parties prenantes (Hagiu et Rothman, 2016[2]). Pour favoriser cette confiance, les plateformes mettent généralement en place différents mécanismes institutionnels et juridiques de gouvernance, parmi lesquels des procédures de présélection (passant notamment par des visites sur site), des systèmes de contrôle croisé, des services de traitement sécurisé des paiements, l'adoption de règles et de normes sur les niveaux de service ou encore la mise en œuvre de garanties et d'assurances de responsabilité civile afin de protéger à la fois les biens et les utilisateurs (Akbar et Tracogna, 2018[3]). La plateforme peut également proposer des services complémentaires comme des services de photographie ou des modèles pour aider les hôtes à publier leurs annonces, et ainsi rationaliser l'offre de services tout en améliorant l'expérience pour les utilisateurs.

- **Procédure de présélection** : la plateforme peut limiter l'accès à ses services à certains types de biens et ressources qui respectent des normes de qualité prédéfinies (Wirtz et al., 2019[4]). Elle peut également organiser des visites sur site afin de vérifier l'existence réelle des biens et leur adéquation aux normes de sécurité en vigueur. De la même manière, la plateforme peut exiger des utilisateurs qu'ils se soumettent à une procédure de vérification de leur identité (par exemple, en mettant en correspondance la photographie d'une pièce d'identité officielle avec une autre photographie personnelle) avant de pouvoir accéder aux services de la plateforme.
- **Avis et notes** : les hôtes et les clients ont la possibilité de s'évaluer mutuellement. La plateforme peut parfois choisir d'annuler une réservation ou de retirer l'annonce d'un hôte si son évaluation atteste d'une tendance à des notes inhabituellement faibles ou à des commentaires particulièrement négatifs. Dans les cas les plus extrêmes où un avis négatif serait le résultat de problèmes graves de sécurité (relevant d'une infraction criminelle, par exemple), la plateforme peut automatiquement supprimer ou désactiver le compte de l'utilisateur concerné.
- **Fixation des prix** : la plateforme peut fournir aux hôtes une grille de prix recommandés (sous la forme de fourchettes tarifaires), déterminés par un algorithme interne de fixation des prix s'appuyant sur différents paramètres comme le niveau de demande, la saison ou les événements locaux.
- **Services de traitement des paiements** : la plateforme dispose d'un système par lequel les paiements émis par les clients ne sont débloqués qu'une fois ceux-ci arrivés sur leur lieu d'hébergement, garantissant ainsi que ces biens existent réellement.
- **Assistance à la clientèle** : en complément d'un centre d'assistance en ligne qui permet aux hôtes et aux clients d'obtenir de manière automatisée des réponses aux questions les plus fréquentes, la plateforme peut proposer une assistance complémentaire afin de résoudre les différends entre les hôtes et leurs clients.

- **Assurance et garanties** : la plateforme offre aux hôtes une garantie contre les dommages subis par leurs biens immobiliers dans le cadre de services d'hébergement. Si un client prétend avoir constaté ces dommages dès son arrivée, la plateforme peut décider d'indemniser l'hôte directement.
- **Autres services** : la plateforme peut proposer des supports de formation (guides en ligne, par exemple) ou des liens vers le site internet des organismes publics compétents afin de renseigner les utilisateurs sur leurs obligations au regard de la réglementation (en matière de fiscalité, notamment). La plateforme peut par ailleurs choisir de fournir aux prestataires un récapitulatif régulier des transactions réalisées, et ce, afin de leur permettre de se conformer à leurs obligations fiscales (le cas échéant).

Taille et croissance du secteur

D'après les données disponibles, le secteur de l'hébergement serait l'un des deux principaux secteurs en termes de valeur globale des opérations. En Europe, ce secteur représente environ 50 % de la valeur de marché totale[1] et sa taille devrait plus que doubler d'ici à 2025 en Asie du Sud-Est[2] (European Commission et PwC UK, 2016[5]) (Google, Temasek et Bain & Company, 2019[6]). En termes de taille, on estime que le marché de la location de courte durée aurait atteint 107 milliards USD en 2018 (voir le graphique D.2 ci-dessous relatif à la composition du marché mondial de l'hébergement : même si certains recoupements existent entre différents types d'hébergement dans le secteur de la location de courte durée, ce graphique montre que la majorité de la valeur du marché est imputable à l'économie à la demande/du partage liée aux locations de courte durée) (Skift research, 2019[1]). Ce marché étant caractérisé par la prépondérance de plusieurs acteurs de premier plan, on estime que les cinq principaux représentent environ 73 % des réservations brutes réalisées dans le secteur en 2019, contre seulement 4 % en 2010[3] (Skift research, 2019[1]).

Graphique A D.5. Marché mondial de l'hébergement en milliards USD (mrd $)

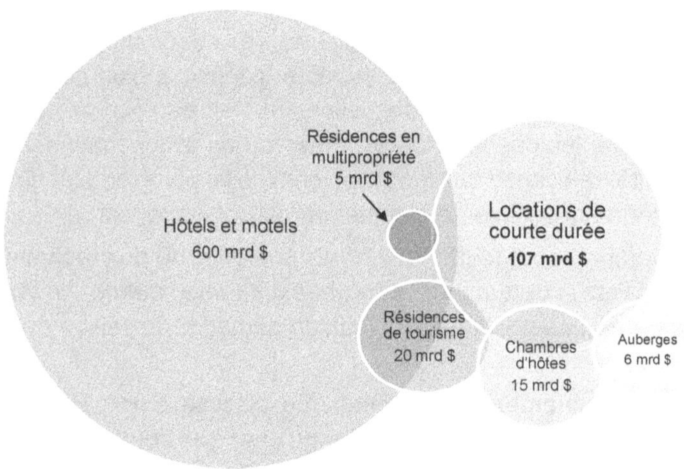

Source: Skift research (2019), *The Short-Term Rental Ecosystem and Vendor Deep Dive* (Skift research, 2019[1])

Convergence des modèles économiques

À mesure que le secteur évolue, on assiste à la convergence progressive de plusieurs segments, et la distinction entre les différentes types et fournisseurs d'hébergement tend à s'estomper. Pour rester concurrentiels, les prestataires d'hébergement traditionnels (comme les hôtels) se tournent vers le marché de la location de courte durée et les agences de voyage en ligne se mettent à étoffer leurs offres afin d'inclure les locations d'appartement et les chambres d'hôte. Face à cette situation, la réaction des acteurs en place varie et peut aller de l'adoption des caractéristiques des plateformes par le lancement d'une application de réservation ou par la création de plateformes concurrentes, jusqu'à l'acquisition de plateformes existantes. De la même manière, les plateformes développent leurs offres de services afin de se rapprocher de leurs homologues traditionnels et renforcer ainsi l'identité de leur marque (par exemple, en acquérant puis en gérant leur propre parc de logements). Parallèlement au développement de ces offres, la demande des clients incite les plateformes à se tourner vers le modèle des hôtels, avec une normalisation renforcée et des locations de résidences entières (par opposition à une pièce unique dans le logement d'un particulier). Ces tendances entraînent une intégration verticale des marchés, réduisant ainsi les différences entre les plateformes de l'économie à la demande/du partage et les opérateurs économiques « traditionnels ».

Éléments d'informations

À travers ces différents instruments de gouvernance et de renforcement de la confiance, les plateformes de l'économie du partage/à la demande opérant dans le secteur de l'hébergement recueillent généralement les informations suivantes (notez que cette liste n'est aucunement exhaustive et que, suivant son modèle économique, une plateforme peut également ne pas recueillir l'intégralité des informations ci-dessous) :

- informations de compte utilisateur (nom, adresse électronique et numéro de téléphone) ;
- données d'identification (numéro d'identification fiscale y compris) ;
- valeur des transactions ;
- adresse du domicile des hôtes ;
- adresse des biens immobiliers ;
- informations de paiement (coordonnées bancaires).

Les plateformes disposent généralement de mécanismes permettant de vérifier l'exactitude des informations recueillies, parmi lesquels des solutions technologiques (fondées sur l'intelligence artificielle, par exemple) capables de contrôler les listes de biens immobiliers.

Secteur des transports

Description générale

Dans le contexte de l'économie du partage/à la demande, le secteur des transports est généralement un segment dans lequel le rôle des plateformes consiste à mettre en relation des conducteurs (y compris non professionnels, soit des conducteurs qui ne disposent pas de licence officielle autre que leur permis de conduire) avec des passagers (le plus souvent des particuliers) pour des trajets de courte ou longue distance.

Modèles économiques

Les principaux modèles économiques actuellement observés dans le secteur des transports sont notamment les suivants :

- **Voitures de transport avec chauffeur (VTC)** : il s'agit généralement de services de VTC (souvent de courte distance) accessibles depuis une application mobile. L'objectif est d'offrir des services semblables à ceux de taxis ou de véhicules avec chauffeur, même si les plateformes peuvent proposer d'autres moyens de transport (motocycles, bicyclettes, trottinettes électriques, bateaux, ferries, etc.). Les trajets transfrontaliers sont toutefois particulièrement rares, notamment en raison des difficultés logistiques et réglementaires que ces trajets peuvent poser (p. ex. : problèmes de couverture des assurances de responsabilité civile, formalités aux frontières longues ou coûteuses, etc.).
    - Plateformes imbriquées : plutôt que d'acquérir ou de gérer leur propre parc de véhicules, les plateformes de VTC peuvent offrir d'autres modes de transport (trottinettes ou bicyclettes électriques, par exemple) proposés initialement sur d'autres plateformes.
- **Autopartage/Covoiturage** : la plateforme met en lien, d'une part, des conducteurs qui disposent de places libres dans leurs véhicules et projettent de réaliser des trajets spécifiques (de longue distance) et, d'autre part, des passagers qui souhaitent accomplir le même trajet ou un trajet similaire, y compris un trajet transfrontalier.
- **Parking partagé** : la plateforme permet à des conducteurs d'entrer en contact avec des particuliers (le plus souvent) qui proposent des places de stationnement non occupées en échange d'une redevance.
- **Livraison à la demande** : dans un contexte où la pandémie de COVID-19 a entraîné une augmentation de la demande de services de livraison à domicile de produits essentiels et alimentaires, les plateformes ont développé leur modèle économique de livraison de repas afin de proposer également la livraison de courses alimentaires et autres produits, que ce soit par l'acquisition d'acteurs existants sur ce marché ou par le biais de partenariats (accords contractuels) avec ces acteurs. Dans ce dernier cas, une plateforme peut s'appuyer sur son propre réseau de conducteurs pour faciliter les livraisons ou donner à ses clients accès aux services d'autres acteurs, sans participer directement à la livraison. Ainsi, dans le contexte de la livraison de repas, une plateforme met en relation les conducteurs, les restaurateurs et les clients pour organiser la livraison. La plateforme peut mettre les restaurateurs en lien avec les conducteurs ou mettre les clients en lien avec des restaurateurs qui disposent de leurs propres livreurs dans le cadre d'accords contractuels. De la même manière, dans le cas de la livraison de produits d'épicerie, la plateforme met en relation les conducteurs, les magasins d'alimentation (plateformes) et les clients, en assurant l'interface entre les magasins d'alimentation et ses conducteurs ou entre les clients et les magasins d'alimentation qui emploient leurs propres préparateurs de commande et disposent de leurs propres services de livraison.

Modèles de paiement

Les modalités de paiement sont un aspect important des services de plateforme relevant de l'économie du partage/à la demande, et les plateformes peuvent opter pour différents modèles de paiement en fonction de divers paramètres de nature économique, sociale et commerciale. De manière générale, les prestataires (conducteurs) facturent des frais aux clients (passagers) dont ces derniers s'acquittent soit directement auprès du prestataire, soit par le biais de la plateforme. De son côté, la plateforme récupère une commission auprès du prestataire, de l'utilisateur ou des deux. Le plus souvent, les principales plateformes du secteur des transports appliquent uniquement des commissions aux prestataires. Ces modèles de paiement peuvent notamment inclure les variantes suivantes (voir ci-dessous la section *Représentation schématique du fonctionnement des modèles de paiement*) :

- *Modèle n° 1* : la plateforme prélève une commission de x % sur les revenus des prestataires et facture aux utilisateurs une redevance de y %. L'utilisateur s'acquitte de la totalité du montant dû (par exemple : frais de course et redevance) auprès de la plateforme, laquelle reverse ensuite au prestataire la part qui lui revient après déduction de sa commission et de la redevance.
- *Modèle n° 2* : la plateforme facture aux prestataires des frais de transaction de x %, mais n'applique aucune redevance aux utilisateurs. L'utilisateur paie au prestataire la somme convenue, et le prestataire reverse x % de frais à la plateforme.
- *Modèle n° 3* : la plateforme facture aux prestataires des frais de transaction de x %, mais n'applique aucune redevance aux utilisateurs. L'utilisateur paie à la plateforme la somme convenue et la plateforme reverse au prestataire sa part après déduction des x % de frais de transaction.
- *Opérations en espèces* : les espèces sont le mode de paiement de prédilection dans certains pays, et notamment dans les pays en développement où la population n'a qu'un accès limité aux services financiers traditionnels. Dans le *modèle n° 2*, si l'utilisateur paie directement le prestataire en espèces, soit ce dernier reverse sur le compte de la plateforme sa commission de x %, soit la plateforme prélève directement sa commission de x % sur les transactions payées par carte bancaire au prestataire.
- *Nouvelles modalités de paiement* : les solutions de paiement mobile (comme les porte-monnaie mobiles) sont de plus en plus populaires et pourraient venir remplacer les espèces dans les pays en développement. D'autres solutions de paiement fondées sur les nouvelles technologies ont également fait leur apparition, comme le recours aux actifs numériques dont la popularité pourrait augmenter au cours des prochaines années.

Représentation schématique du fonctionnement des modèles de paiement

Graphique A D.6. Modèle des services de VTC

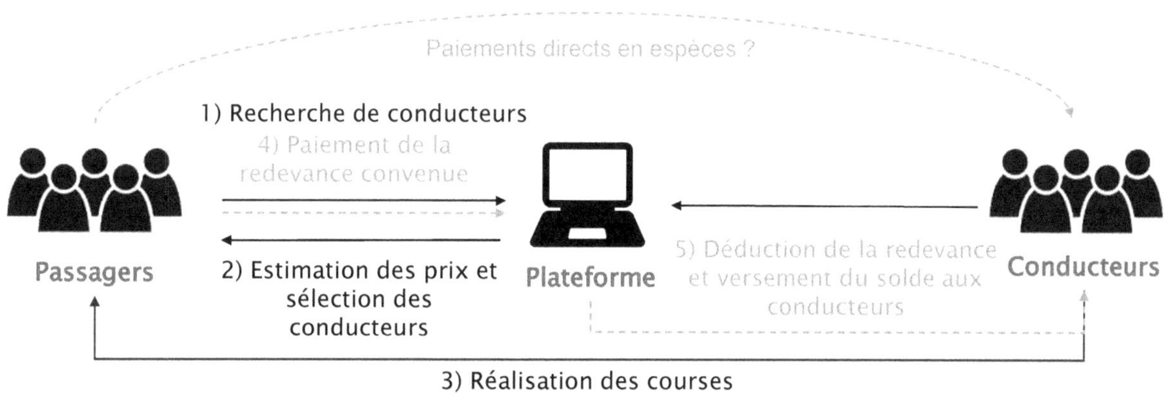

Source : Analyse de l'OCDE.

Graphique A D.7. Variante du modèle des services de VTC nº 1

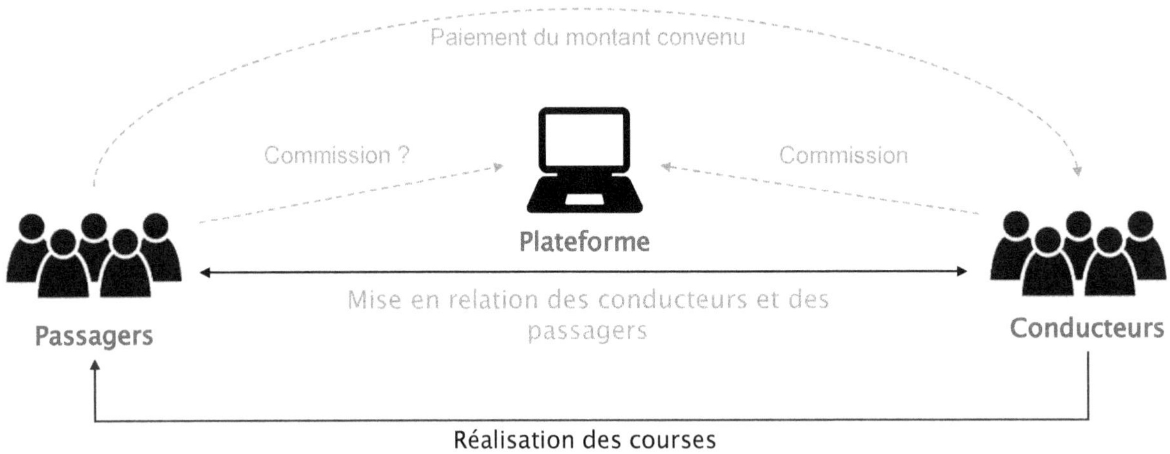

Note : il est précisé que cette variante décrit le cas dans lequel la plateforme peut également recevoir une commission des passagers. En règle générale, la plateforme ne facture une commission qu'à ses conducteurs, mais il se peut qu'elle facture une commission à la fois aux conducteurs et aux passagers.
Source : Analyse de l'OCDE.

Graphique A D.8. Modèles de paiement pour l'autopartage / le covoiturage

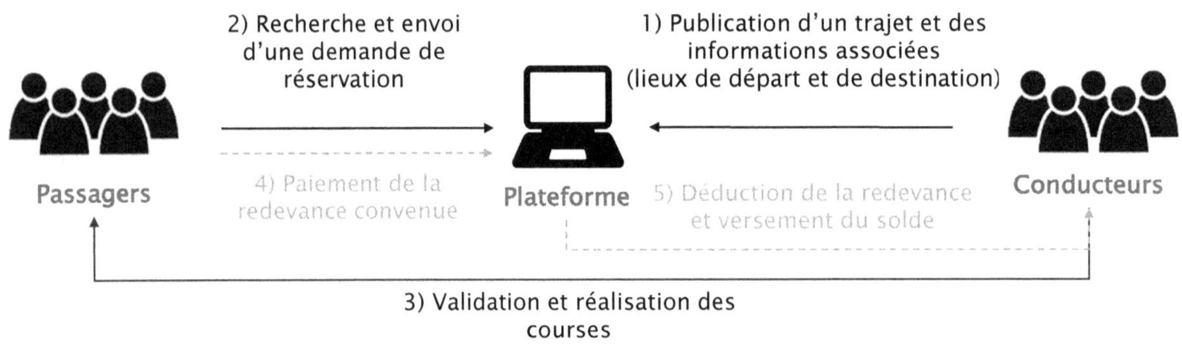

Source : Analyse de l'OCDE.

Graphique A D.9. Modèle de la livraison de repas

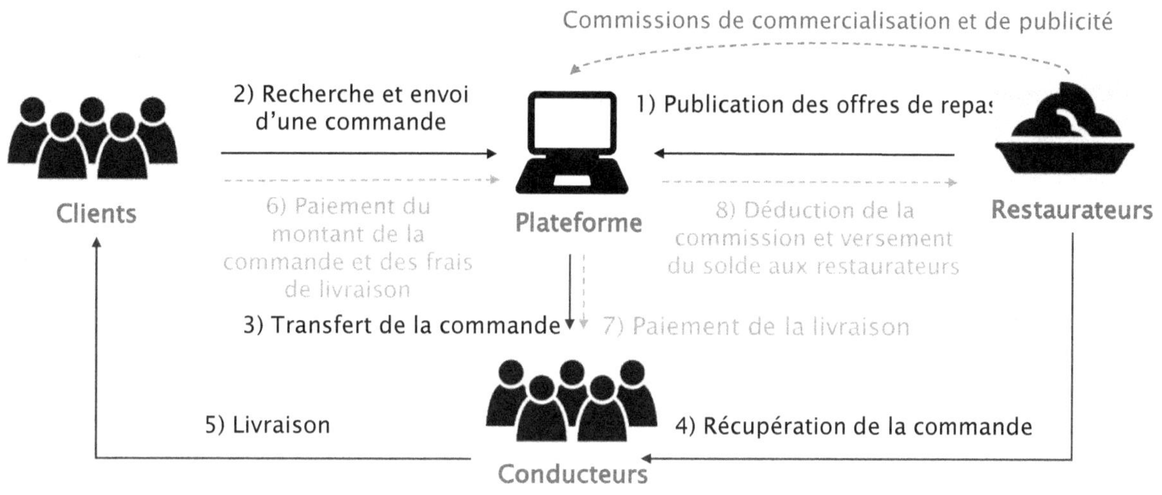

Source : Analyse de l'OCDE.

Graphique A D.10. Variante du modèle de livraison de repas n° 1 – Livreurs employés directement par les restaurateurs

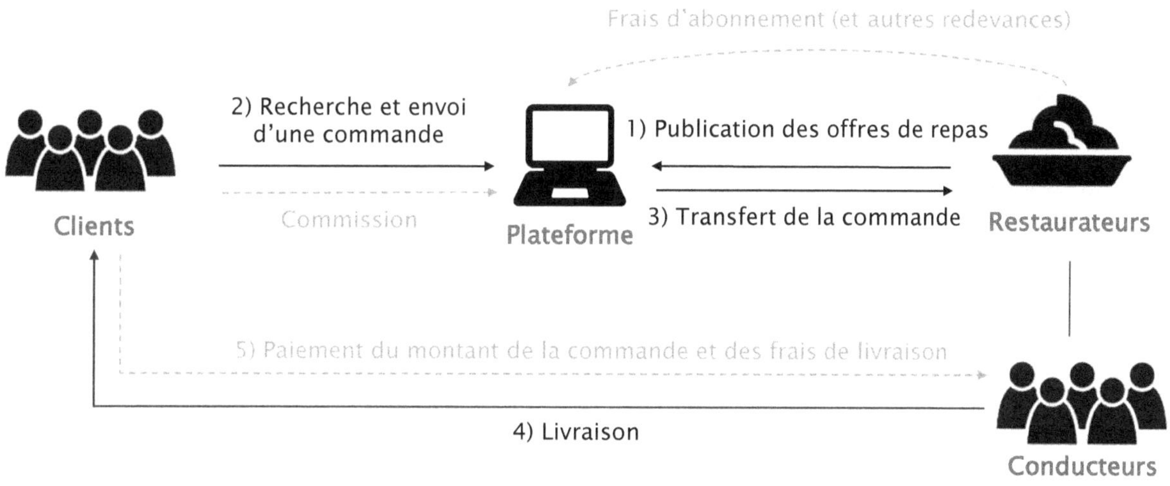

Source : Analyse de l'OCDE.

Confiance et gouvernance des plateformes

Le succès des plateformes repose sur une gouvernance efficace qui permet des transactions sécurisées entre parties qui ne se connaissent pas et renforce ainsi la confiance des parties prenantes (Hagiu et Rothman, 2016[2]). Pour favoriser cette confiance, les plateformes mettent généralement en place différents mécanismes institutionnels et juridiques de gouvernance, parmi lesquels des procédures de présélection (passant notamment par la vérification du permis de conduire des conducteurs), des systèmes de contrôle croisé, des services de traitement sécurisé des paiements, l'adoption de règles et de normes sur les niveaux de service ou encore la mise en œuvre d'obligations de sécurité renforcées (Akbar et Tracogna, 2018[3]).

- **Procédure de présélection** : la plateforme peut limiter l'accès à ses services à certains types de biens et ressources qui respectent des normes de qualité prédéfinies (relativement aux véhicules, par exemple). La plateforme exige généralement des conducteurs qu'ils fournissent une copie de leur permis de conduire ou autre document équivalent lors de la procédure d'inscription. (Dans certains pays, un permis professionnel peut être demandé aux particuliers souhaitant proposer des services de transport de personnes à des fins lucratives.)
- **Avis et notes** : les conducteurs et les passagers ont la possibilité de s'évaluer mutuellement. Dans les cas les plus extrêmes où un avis négatif serait le résultat de problèmes graves de sécurité (relevant d'une infraction criminelle, par exemple), la plateforme peut automatiquement supprimer ou désactiver le compte de l'utilisateur concerné.
- **Fixation des prix** : la plateforme peut fournir des estimations de prix calculées par son algorithme interne de fixation des prix sur la base des variations de l'offre et de la demande, et exiger des conducteurs qu'ils respectent ces fourchettes tarifaires. Suivant le modèle économique concerné, les conducteurs peuvent être autorisés à définir leur propres prix à partir des recommandations fournies par la plateforme. Les prix peuvent également être définis en fonction de catégories définies plutôt qu'en fonction de variations dynamiques. Dans le cas du modèle économique de l'autopartage/du covoiturage, la plateforme peut recommander l'application de prix calculés sur la base d'un tarif fixe par kilomètre parcouru. Les conducteurs ont la possibilité de définir cette base tarifaire, bien qu'il existe généralement une limite maximale afin d'éviter que les conducteurs ne fassent des bénéfices.
- **Services de traitement des paiements** : la plateforme propose généralement des services en ligne de traitement des paiements pour facturer les frais de course aux passagers et les reverser aux conducteurs à intervalles réguliers après déduction de sa commission.
- **Dispositifs de sécurité** : suite aux récents problèmes liés à la sécurité des passagers, la plateforme cherche à renforcer son dispositif de sécurité, notamment par la mise en place d'un bouton d'alerte pouvant être utilisé aussi bien par les passagers que par les conducteurs si l'une des parties se sent en danger, et ce, afin d'avertir immédiatement la plateforme et les services de police. La plateforme peut également procéder à une évaluation plus approfondie des antécédents des conducteurs.
- **Autres services** : la plateforme peut proposer des supports de formation (guides en ligne, par exemple) ou des liens vers le site internet des organismes publics compétents afin de renseigner les conducteurs sur leurs obligations au regard de la réglementation (en matière de fiscalité, notamment). La plateforme peut par ailleurs choisir de fournir aux conducteurs un récapitulatif régulier des transactions réalisées, et ce, afin de leur permettre de se conformer à leurs obligations fiscales. La plateforme peut également mettre à la disposition des conducteurs des services de facturation.

Taille et croissance du secteur

D'après les données disponibles, le secteur des transports serait l'un des deux principaux secteurs en termes de valeur globale des opérations et de recettes réalisées par les plateformes. En Europe, ce secteur serait à l'origine de 47 % des recettes des plateformes[4] et la valeur de marché totale devrait atteindre 40 milliards USD d'ici à 2025 en Asie du Sud-Est[5] (European Commission et PwC UK, 2016[5]) (Google, Temasek et Bain & Company, 2019[6]).

Graphique A D.11. Volume de marché brut par secteur (mrd $, 2018)

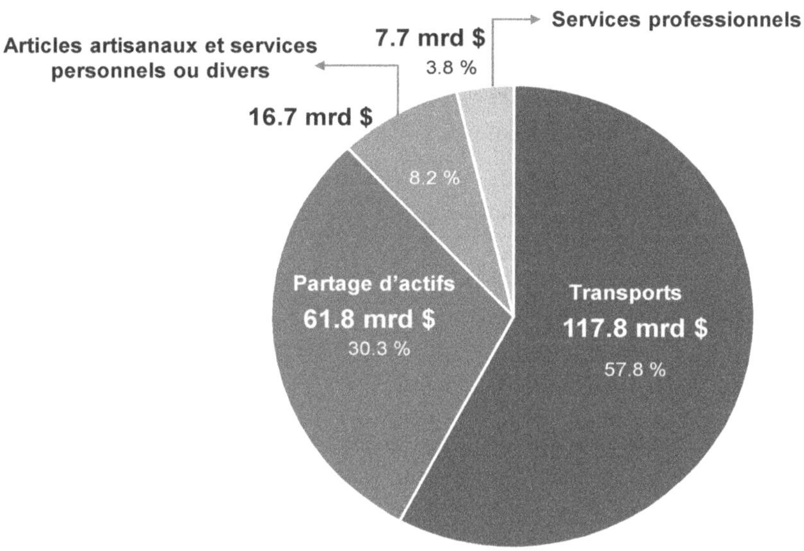

Source : Mastercard & Kaiser Associates (2019), *The Global Gig Economy: Capitalising on a ~$500B Opportunity* (Mastercard and Kaiser Associates, 2019[7])

Éléments d'informations

À travers ces différents instruments de gouvernance et de renforcement de la confiance, les plateformes de l'économie du partage/à la demande opérant dans le secteur des transports recueillent généralement les informations suivantes (notez que cette liste n'est aucunement exhaustive et que, suivant son modèle économique, une plateforme peut également ne pas recueillir l'intégralité des informations ci-dessous) :

- informations de compte utilisateur (nom et numéro de téléphone) ;
- informations d'identification des conducteurs (permis de conduire et numéro d'identification fiscale y compris) ;
- valeur des transactions ;
- données relatives aux véhicules ;
- informations de paiement (coordonnées bancaires) ;
- informations sur les trajets réalisés (lieux de départ et de destination).

Les plateformes disposent généralement de mécanismes permettant de vérifier l'exactitude des informations recueillies. Elles peuvent ainsi demander aux prestataires de préremplir une fiche de renseignements dans le cadre de la procédure d'inscription et comparer les informations fournies avec les informations présentes sur d'autres documents (en mettant par exemple en corrélation le numéro d'identification fiscale fourni avec le numéro présent sur d'autres documents officiels).

Références

Akbar, Y. et A. Tracogna (2018), « The sharing economy and the future of the hotel industry: Transaction cost theory and platform economics », *International Journal of Hospitality Management*, vol. 71, http://dx.doi.org/10.1016/j.ijhm.2017.12.004. [3]

European Commission et PwC UK (2016), *Assessing the size and presence of the collaborative economy in Europe*, https://op.europa.eu/en/publication-detail/-/publication/2acb7619-b544-11e7-837e-01aa75ed71a1 (consulté le 25 février 2021). [5]

Google, Temasek et Bain & Company (2019), *e-Conomy SEA*, https://www.blog.google/documents/47/SEA_Internet_Economy_Report_2019.pdf (consulté le 25 février 2021). [6]

Hagiu, A. et S. Rothman (2016), « Network effects aren't enough », *Harvard Business Review*, vol. 94/4, pp. 64-71. [2]

Mastercard and Kaiser Associates (2019), *The Global Gig Economy: Capitalizing on a ~$500B Opportunity*, https://newsroom.mastercard.com/wp-content/uploads/2019/05/Gig-Economy-White-Paper-May-2019.pdf (consulté le 25 février 2021). [7]

Skift research (2019), *The Short-Term Rental Ecosystem and Vendor Deep Dive*, Skift research, https://research.skift.com/report/the-short-term-rental-ecosystem-and-vendor-deep-dive-2019/ (consulté le 25 février 2021). [1]

Wirtz, J. et al. (2019), « Platforms in the peer-to-peer sharing economy », *Journal of Service Management*, vol. 30/4, http://dx.doi.org/10.1108/JOSM-11-2018-0369. [4]

Notes

[1] Pour les besoins de l'étude, le secteur de l'hébergement se rapporte aux « foyers qui partagent l'accès à un espace non utilisé de leur logement ou qui offrent à la location un logement de villégiature pour les voyageurs ».

[2] La référence figurant dans le rapport concerne les locations en ligne de logements de villégiature.

[3] L'estimation mentionnée dans le rapport inclut les locations de courte durée réalisées non seulement par le biais des plateformes numériques, mais également dans le cadre de réservations hors ligne, d'agences de voyage ou de contacts locaux.

[4] Pour les besoins de l'étude, le secteur des transports se rapporte aux « personnes qui partagent un trajet, un véhicule ou une place de stationnement avec d'autres utilisateurs ».

[5] Dans le rapport sont pris en compte les services de commande de courses et de livraison de repas pour mesurer la valeur de marché.

Annexe E. Liste des fonctions considérées pertinentes aux fins de l'application du régime de responsabilité intégrale en matière de TVA/TPS (Rapport 2019 sur le rôle des plateformes numériques dans la collecte de la TVA/TPS sur les ventes en ligne)

Liste non exhaustive des fonctions considérées pertinentes aux fins de l'application du régime de responsabilité intégrale en matière de TVA/TPS

Ce tableau contient une liste non exhaustive des fonctions qui ont été jugées pertinentes pour appliquer le régime de responsabilité intégrale en matière de TVA/TPS aux plateformes numériques en vertu des régimes existants.

Exemples de fonctions pouvant donner lieu à l'application du régime de responsabilité intégrale en matière de TVA/TPS aux plateformes numériques	Exemples de fonctions pouvant donner lieu à l'exclusion des plateformes numériques du régime de responsabilité intégrale en matière de TVA/TPS
• Contrôle et/ou détermination des termes et conditions applicable aux transactions (ex. : prix ; conditions de paiement ; conditions de livraison, etc.) et imposition de ceux-ci aux acteurs (acheteurs, vendeurs, transporteurs…) ;	• Rôle limité à la diffusion de contenu (ex. : mise à disposition du réseau Internet pour la diffusion de contenu par Wi-Fi, câble, satellite, etc.) ; ou
• Participation directe ou indirecte au processus de paiement (soit directement, soit indirectement, par le jeu d'accords avec des tierces parties, encaissement des paiements provenant des clients et transmission de ceux-ci aux vendeurs après déduction de commissions ; obtention d'autorisations préalables ou envoi d'instructions de paiement ou d'informations à une plateforme de paiement appartenant soit à la plateforme numérique, soit à une tierce partie, soit à une plateforme stipulée dans les termes et conditions imposés par la plateformes numérique) ;	• Rôle limité au traitement des paiements ; ou
• Participation directe ou indirecte au processus de livraison et/ou au traitement de la vente (notamment en influençant ou contrôlant les conditions de livraison ; en envoyant de autorisations à des fournisseurs et/ou en donnant à une tierce partie des instructions pour commencer la livraison ; et/ou en fournissant des services de traitement des commandes incluant ou non des services d'entreposage) ;	• Rôle limité à la diffusion d'offres ; ou
• Fourniture de services de support à la clientèle (gestion des marchandises retournées et/ou des remboursements/aide au règlement des litiges).	• Rôle limité à l'exploitation d'une plateforme de réacheminement vers le site d'un vendeur ou de mise en relation avec un fournisseur. Ce type de plateforme se borne à réacheminer un client potentiel grâce à un logiciel ou un lien Internet, ou par tout autre moyen, vers le site Internet d'un vendeur pour permettre à ce dernier de présenter, promouvoir ou donner une liste des biens qu'il propose à la vente. Le client et le vendeur concluent la transaction sans que la plateforme participe en aucune façon, que ce soit directement ou

	indirectement, à la fixation des conditions auxquelles est conclue la vente, non plus qu'au processus de paiement ou de livraison. Cependant, si la rémunération de la plateforme est calculée sur la base du prix final conclu entre le client et le fournisseur, on peut conclure à une implication suffisante de la plateforme pour qu'elle entre dans le champ du régime.

Source : Recherce OCDE.

www.ingramcontent.com/pod-product-compliance
Lightning Source LLC
LaVergne TN
LVHW080657011026
849160LV00014B/1464